초등필수
영단어로
쉽게 배우는

초등필수
영문법 + 쓰기 2

초등필수 영문법+쓰기 2

지은이 넥서스영어교육연구소
펴낸이 임상진
펴낸곳 (주)넥서스

출판신고 1992년 4월 3일 제311-2002-2호 ⑪
10880 경기도 파주시 지목로 5
Tel (02)330-5500 Fax (02)330-5555

ISBN 979-11-6165-079-1 64740
      979-11-6165-077-7 (SET)

출판사의 허락 없이 내용의 일부를
인용하거나 발췌하는 것을 금합니다.

가격은 뒤표지에 있습니다.
잘못 만들어진 책은 구입처에서 바꾸어 드립니다.

www.nexusbook.com

※집필에 도움을 주신 분
 : Kihwa Jo, McKathy Green, Shawn, Julie, Nick, Richard Pennington

초등필수
영단어로
쉽게 배우는

초등필수
영문법 + 쓰기 2

넥서스영어교육연구소 지음

NEXUS Edu

문법과 작문을 동시에 잡는
초등필수 영문법+쓰기

창의융합 과정 반영, 초등필수 영단어를 활용하여 쉽게 배우는 영문법+쓰기
핵심 문법 포인트를 머릿속으로 그려 보면서 하고 싶은 말들을 영작해 보세요.

1
교육부 권장 초등 어휘를 사용하여
쉽게 공부할 수 있어요.

6
기초탄탄(선택형) ➡ 기본탄탄(단답형)
➡ 실력탄탄(배열형) ➡ 영작탄탄(서술형)
순서로 단계별 학습이 가능해요.

2
기초 핵심 문법을 한눈에
쉽게 파악할 수 있어요.

5
퍼즐, 미로 찾기, 코드표 등의
흥미로운 활동으로 창의성과
응용력을 키울 수 있어요.

3
그림을 통해 문제 속에 숨어 있는
초등 필수 어휘를 찾아 쉽고 재미
있게 암기할 수 있어요.

4
사다리 타기, 보드 게임 등을 통해 문
장을 만들고 스스로 핵심 영문법을
정리하고 영작하는 "창의력 향상"
워크북이 들어있어요.

Features

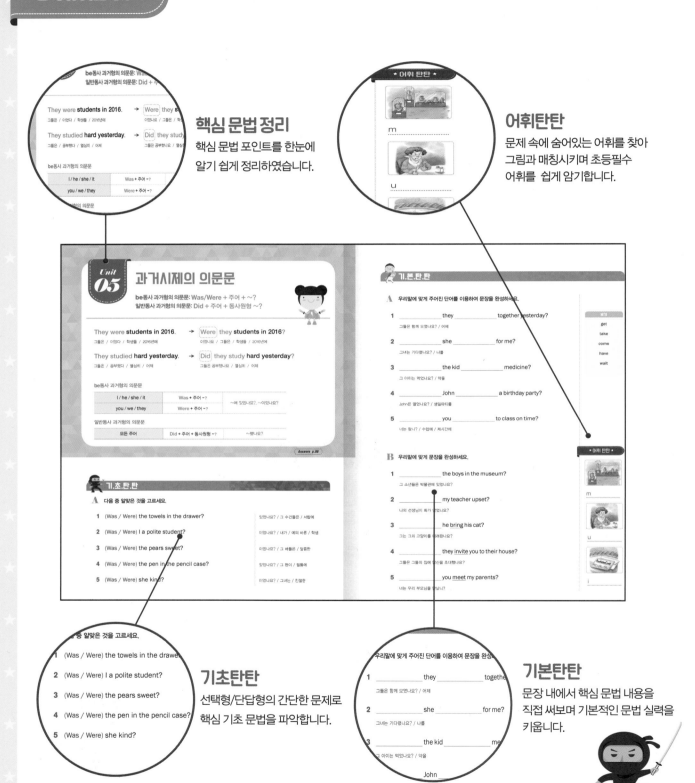

핵심 문법 정리

핵심 문법 포인트를 한눈에
알기 쉽게 정리하였습니다.

어휘탄탄

문제 속에 숨어있는 어휘를 찾아
그림과 매칭시키며 초등필수
어휘를 쉽게 암기합니다.

Unit 05 과거시제의 의문문

be동사 과거형의 의문문: Was/Were + 주어 + ~?
일반동사 과거형의 의문문: Did + 주어 + 동사원형 ~?

They were **students in 2016.** → Were they students in 2016?
그들은 / 이었다 / 학생들 / 2016년에   이었나요? / 그들은 / 학생들 / 2016년에

They studied **hard yesterday.** → Did they study hard yesterday?
그들은 / 공부했다 / 열심히 / 어제   그들은 공부했나요? / 열심히 / 어제

be동사 과거형의 의문문

| I / he / she / it | Was + 주어 ~? | ~에 있었나요?, ~이었나요? |
| you / we / they | Were + 주어 ~? | |

일반동사 과거형의 의문문

| 모든 주어 | Did + 주어 + 동사원형 ~? | ~했나요? |

Answers p.86

기.초.탄.탄

A 다음 중 알맞은 것을 고르세요.

1 (Was / Were) the towels in the drawer?   있었나요? / 그 수건들은 / 서랍에

2 (Was / Were) I a polite student?   이었나요? / 내가 / 예의 바른 / 학생

3 (Was / Were) the pears sweet?   이었나요? / 그 배들은 / 달콤한

4 (Was / Were) the pen in the pencil case?   있었나요? / 그 펜이 / 필통에

5 (Was / Were) she kind?   이었나요? / 그녀는 / 친절한

기.본.탄.탄

A 우리말에 맞게 주어진 단어를 이용하여 문장을 완성하세요.

1 _____ they _____ together yesterday?
그들은 함께 모였나요? / 어제

2 _____ she _____ for me?
그녀는 기다렸나요? / 나를

3 _____ the kid _____ medicine?
그 아이는 먹었나요? / 약을

4 _____ John _____ a birthday party?
John은 열었나요? / 생일파티를

5 _____ you _____ to class on time?
너는 왔니? / 수업에 / 제시간에

보기
get
take
come
have
wait

B 우리말에 맞게 문장을 완성하세요.

1 _____ the boys in the museum?
그 소년들은 박물관에 있었나요?

2 _____ my teacher upset?
나의 선생님이 화가 났었나요?

3 _____ he bring his cat?
그는 그의 고양이를 데려왔나요?

4 _____ they invite you to their house?
그들은 그들의 집에 당신을 초대했나요?

5 _____ you meet my parents?
너는 우리 부모님을 만났니?

★ 어휘 탄탄 ★

m

u

i

기초탄탄

선택형/단답형의 간단한 문제로
핵심 기초 문법을 파악합니다.

1 (Was / Were) the towels in the drawer

2 (Was / Were) I a polite student?

3 (Was / Were) the pears sweet?

4 (Was / Were) the pen in the pencil case?

5 (Was / Were) she kind?

기본탄탄

문장 내에서 핵심 문법 내용을
직접 써보며 기본적인 문법 실력을
키웁니다.

우리말에 맞게 주어진 단어를 이용하여 문장을 완성

1 _____ they _____ togethe
그들은 함께 모였나요? / 어제

2 _____ she _____ for me?
그녀는 기다렸나요? / 나를

3 _____ the kid _____ me
그 아이는 먹었나요? / 약을

John

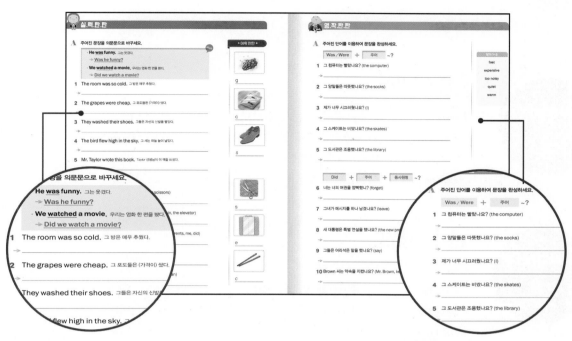

실력탄탄

실제 시험에 잘 나오는 문제와 배열 문제로
문장을 완성하는 실력을 키웁니다.

영작탄탄

주어진 힌트 및 어휘를 활용하여 실생활에서
사용할 수 있는 영작문을 훈련합니다.

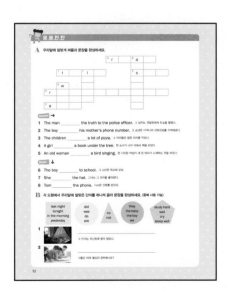

응용탄탄

그림 보고 문장 쓰기, 코드표, 퍼즐과 미로 등의 흥미로운
활동으로 앞에서 학습한 내용을 재미있게 복습합니다.

정리탄탄 (워크북)

이미 배운 예문을 활용하여 창의력을 향상시키는
흥미로운 문제로 문법과 쓰기를 정리하는 워크북입니다.

Contents

초등필수 영문법·쓰기2

초등필수 영문법+쓰기1

교육부 권장 어휘
초등필수 영단어 1

아는 단어에
체크해보세요!

가족	인사	숫자	나와 우리	얼굴
☐ family 가족	☐ hi 안녕	☐ one 하나의, 한 개	☐ I 나	☐ face 얼굴
☐ grandparents 조부모	☐ nice 친절한, 좋은	☐ two 둘의, 두 개	☐ you 너, 너희	☐ eyebrow 눈썹
☐ grandfather 할아버지	☐ bye 잘 가, 안녕	☐ three 셋의, 세 개	☐ he 그	☐ eye 눈
☐ grandmother 할머니	☐ good 착한, 좋은	☐ four 넷의, 네 개	☐ she 그녀	☐ nose 코
☐ parents 부모	☐ morning 아침, 오전	☐ five 다섯의, 다섯 개	☐ we 우리	☐ ear 귀
☐ father 아버지	☐ afternoon 오후	☐ six 여섯의, 여섯 개	☐ they 그들	☐ mouth 입
☐ mother 어머니	☐ evening 저녁	☐ seven 일곱의, 일곱 개	☐ it 그것	☐ lip 입술
☐ brother 남자형제	☐ night 밤	☐ eight 여덟의, 여덟 개	☐ this 이것	☐ tooth 이, 치아
☐ sister 여자형제	☐ fine 괜찮은, 좋은	☐ nine 아홉의, 아홉 개	☐ that 저것	☐ cheek 뺨, 볼
☐ together 함께	☐ okay 괜찮은	☐ ten 열의, 열 개	☐ everyone 모든 사람, 모두	☐ chin 턱

몸, 신체	애완동물	음식	과일	채소
☐ hair 머리카락	☐ pet 애완동물	☐ rice 쌀, 쌀밥	☐ apple 사과	☐ tomato 토마토
☐ head 머리	☐ dog 개	☐ bread 빵	☐ pear 배	☐ carrot 당근
☐ neck 목	☐ cat 고양이	☐ jam 잼	☐ peach 복숭아	☐ potato 감자
☐ shoulder 어깨	☐ rabbit 토끼	☐ sandwich 샌드위치	☐ orange 오렌지	☐ sweet potato 고구마
☐ arm 팔	☐ bird 새	☐ cheese 치즈	☐ grape 포도	☐ corn 옥수수
☐ hand 손	☐ fish 물고기	☐ butter 버터	☐ strawberry 딸기	☐ onion 양파
☐ finger 손가락	☐ turtle 거북	☐ tea 차	☐ banana 바나나	☐ bean 콩
☐ leg 다리	☐ frog 개구리	☐ milk 우유	☐ kiwi 키위	☐ cabbage 양배추
☐ foot 발	☐ snake 뱀	☐ juice 주스	☐ lemon 레몬	☐ cucumber 오이
☐ toe 발가락	☐ hamster 햄스터	☐ water 물	☐ watermelon 수박	☐ pumpkin 호박

농장 동물	야생 동물	모습	색깔	옷
□ horse 말	□ tiger 호랑이	□ new 새로운	□ red 빨간색(의)	□ clothes 옷
□ rooster 수탉	□ lion 사자	□ ugly 못생긴	□ blue 파란색(의)	□ shirt 셔츠
□ hen 암탉	□ elephant 코끼리	□ tall 키가 큰	□ yellow 노란색(의)	□ blouse 블라우스
□ sheep 양	□ bear 곰	□ fat 뚱뚱한	□ green 녹색(의)	□ skirt 치마, 스커트
□ cow 암소	□ gorilla 고릴라	□ pretty 예쁜	□ purple 보라색(의)	□ dress 드레스
□ goat 염소	□ monkey 원숭이	□ beautiful 아름다운	□ pink 분홍색(의)	□ pants 바지
□ duck 오리	□ alligator 악어	□ heavy 무거운	□ brown 갈색(의)	□ jeans 청바지
□ goose 거위	□ wolf 늑대	□ light 가벼운	□ gray 회색(의)	□ jacket 재킷
□ pig 돼지	□ fox 여우	□ bright 밝은	□ black 검은색(의)	□ socks 양말
□ mouse 쥐	□ zebra 얼룩말	□ dark 어두운	□ white 흰색(의)	□ shoes 신발

감정	학교	학용품	자연	날씨
□ happy 행복한	□ school 학교	□ bag 가방	□ sun 태양	□ hot 뜨거운, 더운
□ sad 슬픈	□ class 학급, 반	□ pencil 연필	□ moon 달	□ cold 차가운, 추운
□ glad 기쁜	□ teacher 선생님	□ book 책	□ star 별	□ warm 따뜻한
□ angry 화가 난	□ student 학생	□ textbook 교과서	□ sky 하늘	□ cool 시원한
□ bored 지루한	□ friend 친구	□ paper 종이	□ mountain 산	□ sunny 맑은, 화창한
□ excited 신나는	□ blackboard 칠판	□ eraser 지우개	□ land 땅, 육지	□ cloudy 흐린
□ sorry 미안한	□ chalk 분필	□ ruler 자	□ tree 나무	□ foggy 안개가 낀
□ thank ~에게 감사하다	□ desk 책상	□ cutter 칼	□ river 강	□ windy 바람이 부는
□ love 사랑하다	□ chair 의자	□ scissors 가위	□ lake 호수	□ rainy 비가 오는
□ hate 미워하다	□ absent 결석한	□ glue 풀	□ sea 바다	□ snowy 눈이 내리는

직업	스포츠, 운동	교통	집	거실
□ cook 요리하다	□ soccer 축구	□ road 도로, 길	□ house 집	□ curtain 커튼
□ doctor 의사	□ baseball 야구	□ bicycle 자전거	□ roof 지붕	□ sofa 소파
□ nurse 간호사	□ basketball 농구	□ motorcycle 오토바이	□ window 창문	□ table 탁자, 테이블
□ scientist 과학자	□ volleyball 배구	□ car 차, 자동차	□ door 문	□ newspaper 신문
□ farmer 농부	□ table tennis 탁구	□ bus 버스	□ room 방	□ radio 라디오
□ police officer 경찰관	□ tennis 테니스	□ truck 트럭	□ living room 거실	□ television 텔레비전
□ writer 작가	□ boxing 복싱	□ subway 지하철	□ bedroom 침대	□ telephone 전화기
□ artist 예술가	□ inline skates 인라인스케이트	□ train 기차, 열차	□ bathroom 욕실	□ picture 그림
□ musician 음악가	□ skate 스케이트를 타다	□ ship 배, 여객선	□ kitchen 부엌	□ clock 시계
□ model 모델	□ ski 스키를 타다	□ airplane 비행기	□ elevator 엘리베이터	□ floor 바닥, 마루

침실	욕실	부엌	물건	행동
□ bed 침대	□ mirror 거울	□ spoon 숟가락	□ ball 공	□ go 가다
□ pillow 베개	□ soap 비누	□ fork 포크	□ doll 인형	□ come 오다
□ blanket 담요	□ shampoo 샴푸	□ knife 칼	□ toy 장난감	□ meet 만나다
□ lamp 조명	□ comb 빗	□ chopsticks 젓가락	□ box 상자, 박스	□ stop 멈추다
□ closet 옷장	□ toothbrush 칫솔	□ plate 접시	□ ribbon 리본	□ stand 서다
□ drawer 서랍	□ toothpaste 치약	□ cup 컵	□ umbrella 우산	□ sit 앉다
□ globe 지구본	□ bathtub 욕조	□ kettle 주전자	□ key 열쇠, 키	□ open 열다
□ computer 컴퓨터	□ toilet 변기	□ stove 스토브	□ vase 꽃병, 병	□ close 닫다
□ photo 사진	□ shower 샤워	□ sink 싱크대	□ glasses 안경	□ like ~을 좋아하다
□ fan 선풍기	□ towel 수건	□ refrigerator 냉장고	□ ring 반지	□ have 가지다, 먹다

교육부 권장 어휘
초등필수 영단어 2

아는 단어에 체크해보세요!

가족	사람들	숫자	감정	학교
□ husband 남편	□ baby 아기	□ eleven 11	□ great 정말 좋은	□ classroom 교실
□ wife 아내	□ child 어린이	□ twelve 12	□ bad 불쾌한, 나쁜	□ classmate 급우
□ son 아들	□ boy 소년	□ thirteen 13	□ scared 무서운	□ lesson 수업, 과목
□ daughter 딸	□ girl 소녀	□ fourteen 14	□ worry 걱정하다	□ homework 숙제
□ uncle 삼촌	□ man 남자	□ fifteen 15	□ cry 울다	□ test 시험
□ aunt 고모, 이모, 숙모	□ woman 여자	□ sixteen 16	□ joyful 즐거운	□ elementary 초등의
□ cousin 사촌	□ gentleman 신사	□ seventeen 17	□ upset 화가 난	□ teach ~을 가르치다
□ nephew 조카(남자)	□ lady 숙녀	□ eighteen 18	□ thirsty 목이 마른	□ learn ~을 배우다
□ niece 조카(여자)	□ person 사람	□ nineteen 19	□ hungry 배고픈	□ read ~을 읽다
□ live 살다	□ people 사람들	□ twenty 20	□ tired 피곤한	□ write ~을 쓰다

과목	수학	과학	미술	음악
□ Korean 한국어	□ number 번호, 수	□ rocket 로켓	□ color 색, 색깔	□ piano 피아노
□ English 영어	□ plus 더하여	□ robot 로봇	□ brush 붓	□ guitar 기타
□ math 수학	□ minus ~을 뺀	□ graph 그래프	□ line 선, 줄	□ drum 드럼
□ science 과학	□ once 한 번	□ plant 식물	□ circle 동그라미, 원	□ violin 바이올린
□ art 미술, 예술	□ twice 두 번	□ vegetable 채소	□ triangle 삼각형	□ cello 첼로
□ music 음악	□ zero 영, 0	□ insect 곤충	□ square 정사각형	□ flute 플루트
□ history 역사	□ hundred 백, 100	□ earth 지구	□ draw ~을 그리다	□ trumpet 트럼펫
□ study 공부하다	□ thousand 천, 1,000	□ air 공기	□ paint 색칠하다	□ play 놀다
□ sport 스포츠, 운동	□ some 약간의	□ stone 돌	□ make ~을 만들다	□ sing 노래하다
□ health 건강	□ a lot of 많은	□ fire 불	□ cut ~을 자르다	□ listen ~을 듣다

취미	식사	물건	꽃	동물원
☐ **favorite** 가장 좋아하는	☐ **breakfast** 아침 식사	☐ **can** 깡통, 캔	☐ **root** 뿌리	☐ **giraffe** 기린
☐ **hobby** 취미	☐ **lunch** 점심 식사	☐ **board** 널빤지	☐ **seed** 씨앗	☐ **kangaroo** 캥거루
☐ **cooking** 요리	☐ **dinner** 저녁 식사	☐ **piece** 조각, 부분	☐ **stem** 줄기	☐ **cheetah** 치타
☐ **movie** 영화	☐ **egg** 달걀	☐ **glove** 장갑	☐ **leaf** 나뭇잎	☐ **iguana** 이구아나
☐ **dance** 춤, 춤추다	☐ **salad** 샐러드	☐ **bat** 방망이	☐ **flower** 꽃	☐ **deer** 사슴
☐ **camera** 카메라	☐ **delicious** 맛있는	☐ **album** 앨범	☐ **sunflower** 해바라기	☐ **camel** 낙타
☐ **kite** 연	☐ **sweet** 달콤한	☐ **crayon** 크레파스	☐ **rose** 장미	☐ **panda** 판다
☐ **badminton** 배드민턴	☐ **bitter** 쓴	☐ **candy** 사탕	☐ **tulip** 튤립	☐ **owl** 올빼미
☐ **jogging** 조깅, 달리기	☐ **eat** ~을 먹다	☐ **plastic** 플라스틱	☐ **lily** 백합	☐ **ostrich** 타조
☐ **travel** 여행, 여행하다	☐ **drink** ~을 마시다	☐ **flag** 깃발	☐ **grow** 기르다, 자라다	☐ **penguin** 펭귄

바다 동물	곤충	직업	시간	주
☐ **whale** 고래	☐ **butterfly** 나비	☐ **president** 대통령	☐ **calendar** 달력	☐ **Monday** 월요일
☐ **shark** 상어	☐ **bee** 벌	☐ **astronaut** 우주비행사	☐ **date** 날짜	☐ **Tuesday** 화요일
☐ **dolphin** 돌고래	☐ **dragonfly** 잠자리	☐ **singer** 가수	☐ **second** 초	☐ **Wednesday** 수요일
☐ **seal** 물개	☐ **beetle** 딱정벌레	☐ **dancer** 댄서	☐ **minute** 분	☐ **Thursday** 목요일
☐ **squid** 오징어	☐ **ladybug** 무당벌레	☐ **firefighter** 소방관	☐ **hour** 시간	☐ **Friday** 금요일
☐ **octopus** 문어	☐ **ant** 개미	☐ **reporter** 리포터	☐ **day** 날, 하루, 낮	☐ **Saturday** 토요일
☐ **crab** 게	☐ **grasshopper** 메뚜기	☐ **businessman** 사업가	☐ **week** 주	☐ **Sunday** 일요일
☐ **lobster** 바닷가재	☐ **fly** 파리	☐ **driver** 운전사	☐ **month** 달, 월	☐ **weekend** 주말
☐ **shrimp** 새우	☐ **mosquito** 모기	☐ **actor** 배우	☐ **season** 계절	☐ **work** 일하다
☐ **starfish** 불가사리	☐ **spider** 거미	☐ **lawyer** 변호사	☐ **year** 년	☐ **rest** 휴식, 쉬다

달,월	계절	위치	마을	도시
□ January 1월	□ November 11월	□ in front of ~의 앞에	□ store 가게	□ building 건물, 빌딩
□ February 2월	□ December 12월	□ behind ~의 뒤에	□ restaurant 식당	□ town 마을
□ March 3월	□ holiday 휴가	□ next to ~의 옆에	□ bakery 빵집	□ company 회사
□ April 4월	□ vacation 방학	□ top 꼭대기	□ church 교회	□ pool 수영장
□ May 5월	□ spring 봄	□ middle 중간	□ library 도서관	□ park 공원
□ June 6월	□ summer 여름	□ bottom 밑바닥	□ hospital 병원	□ airport 공항
□ July 7월	□ autumn 가을	□ corner 모퉁이, 구석	□ drugstore 약국	□ factory 공장
□ August 8월	□ winter 겨울	□ end 끝	□ theater 극장	□ museum 박물관
□ September 9월	□ different 다른	□ here 이곳, 여기에	□ bank 은행	□ police station 경찰서
□ October 10월	□ return 돌아오다	□ there 그곳, 거기에	□ post office 우체국	□ zoo 동물원

국가	성	옷	모습	행동
□ Korea 한국	□ castle 성	□ cap 모자	□ young 젊은	□ start 시작하다
□ Japan 일본	□ king 왕	□ belt 허리띠, 벨트	□ old 나이 든	□ finish ~을 끝내다
□ China 중국	□ queen 왕비	□ vest 조끼	□ strong 튼튼한	□ move ~을 옮기다
□ India 인도	□ prince 왕자	□ sweater 스웨터	□ weak 약한	□ continue 계속하다
□ America 미국	□ princess 공주	□ coat 코트	□ hard 단단한	□ call ~을 부르다
□ Germany 독일	□ block 큰 덩어리, 블록	□ button 단추, 버튼	□ soft 부드러운	□ walk 걷다
□ England 영국	□ gate 문	□ pocket 호주머니	□ dirty 더러운	□ ride ~을 타다
□ France 프랑스	□ wall 벽	□ shorts 반바지	□ clean 깨끗한	□ put ~을 놓다
□ Italy 이탈리아	□ stairs 계단	□ boots 부츠, 장화	□ thick 두꺼운	□ fall 넘어지다
□ world 세계	□ garden 정원	□ wear 입다	□ thin 얇은	□ help ~을 돕다

교육부 권장 어휘
초등필수 영단어 3

아는 단어에 체크해보세요!

식당	시장	생일	모양	생각
☐ **dish** 요리, 접시	☐ **market** 시장	☐ **cake** 케이크	☐ **big** 큰	☐ **correct** 옳은
☐ **meat** 고기	☐ **shop** 가게, 상점	☐ **candle** 초	☐ **small** 작은	☐ **wrong** 잘못된
☐ **soup** 수프	☐ **item** 물건	☐ **gift** 선물	☐ **long** 긴	☐ **think** ~을 생각하다
☐ **beef** 소고기	☐ **choose** ~을 고르다	☐ **age** 나이	☐ **short** 짧은	☐ **guess** 추측하다
☐ **chicken** 닭고기	☐ **price** 값, 가격	☐ **invite** ~을 초대하다	☐ **wide** 넓은	☐ **forget** ~을 잊다
☐ **sugar** 설탕	☐ **free** 무료의	☐ **visit** 방문하다	☐ **narrow** 좁은	☐ **remember** ~을 기억하다
☐ **salt** 소금	☐ **cheap** 값이 싼	☐ **bring** ~을 가져오다	☐ **same** 같은	☐ **plan** 계획하다
☐ **pepper** 후추	☐ **expensive** 값이 비싼	☐ **surprise** 놀라게 하다	☐ **oval** 타원형의	☐ **hope** ~을 바라다
☐ **waiter** 종업원, 웨이터	☐ **buy** ~을 사다	☐ **celebrate** 축하하다	☐ **rectangle** 직사각형	☐ **dream** 꿈, 꿈꾸다
☐ **pay** 지불하다	☐ **sell** ~을 팔다	☐ **laugh** 웃다	☐ **cylinder** 원통	☐ **know** ~을 알다

건강	산	캠핑, 야영	상태	일과
☐ **sick** 병이 난, 아픈	☐ **wood** 나무, 목재	☐ **group** 집단, 무리	☐ **quick** 빠른	☐ **wake** 일어나다
☐ **hurt** 아프다, 다치다	☐ **rock** 돌, 바위	☐ **map** 지도	☐ **slow** 느린	☐ **exercise** 운동하다
☐ **fever** 열	☐ **hill** 언덕	☐ **tent** 텐트	☐ **high** 높은	☐ **wash** ~을 씻다
☐ **cough** 기침	☐ **pond** 연못	☐ **flashlight** 손전등	☐ **low** 낮은	☐ **hurry** 서두르다
☐ **chest** 가슴	☐ **storm** 폭풍	☐ **pot** 냄비	☐ **quiet** 조용한	☐ **say** 말하다
☐ **stomach** 위	☐ **lightning** 번개	☐ **site** 장소	☐ **noisy** 시끄러운	☐ **do** 하다
☐ **heart** 심장	☐ **thunder** 천둥	☐ **grass** 잔디, 풀	☐ **easy** 쉬운	☐ **drive** 운전하다
☐ **medicine** 약	☐ **rainbow** 무지개	☐ **enjoy** ~을 즐기다	☐ **difficult** 어려운	☐ **get** 얻다
☐ **life** 삶, 생명	☐ **fresh** 신선한	☐ **leave** 떠나다	☐ **dry** 마른	☐ **use** ~을 사용하다
☐ **die** 죽다	☐ **climb** 오르다	☐ **arrive** 도착하다	☐ **wet** 젖은	☐ **sleep** 자다

비행기	여행	해변	성격	감각
□ **pilot** 조종사	□ **station** 역, 정거장	□ **hat** 모자	□ **curious** 호기심이 많은	□ **sense** 감각, 느낌
□ **passenger** 승객	□ **snack** 간식, 스낵	□ **sunglasses** 선글라스	□ **brave** 용감한	□ **excellent** 훌륭한
□ **crew** 승무원	□ **game** 게임, 경기	□ **sunscreen** 자외선 차단제	□ **shy** 수줍어하는	□ **emotion** 감정
□ **seat** 좌석, 자리	□ **street** 거리	□ **bottle** 병	□ **careful** 주의 깊은	□ **sound** 소리
□ **passport** 여권	□ **bridge** 다리	□ **sand** 모래	□ **honest** 정직한	□ **see** ~을 보다
□ **ticket** 표, 입장권	□ **city** 도시	□ **ocean** 바다	□ **polite** 예의 바른	□ **hear** ~을 듣다
□ **suitcase** 여행 가방	□ **country** 시골, 나라	□ **wave** 파도	□ **kind** 친절한	□ **smell** ~한 냄새가 나다
□ **wing** 날개	□ **wait** 기다리다	□ **break** 휴식	□ **funny** 재미있는	□ **taste** ~한 맛이 나다
□ **runway** 활주로	□ **begin** 시작하다	□ **lie** 눕다	□ **smart** 똑똑한, 영리한	□ **feel** 느끼다
□ **fly** 비행하다, 날다	□ **stay** 머무르다	□ **swim** 수영하다	□ **foolish** 어리석은	□ **touch** ~을 만지다

운동장	공원	운동	시간	방향
□ **slide** 미끄럼틀	□ **picnic** 소풍	□ **gym** 체육관	□ **early** 일찍	□ **left** 왼쪽
□ **swing** 그네	□ **bench** 벤치	□ **wrist** 손목	□ **late** 늦게	□ **right** 오른쪽
□ **hide** 숨다	□ **fountain** 분수	□ **elbow** 팔꿈치	□ **noon** 정오	□ **straight** 똑바로
□ **find** ~을 찾다	□ **trash can** 쓰레기통	□ **ankle** 발목	□ **tonight** 오늘 밤	□ **away** 떨어져
□ **jump** 뛰다	□ **balloon** 풍선	□ **waist** 허리	□ **today** 오늘	□ **up** 위로
□ **shout** 외치다	□ **field** 들판	□ **jump rope** 줄넘기	□ **tomorrow** 내일	□ **down** 아래로
□ **throw** ~을 던지다	□ **kid** 아이	□ **ready** 준비가 된	□ **yesterday** 어제	□ **east** 동쪽
□ **catch** ~을 잡다	□ **run** 달리다	□ **turn** 돌다	□ **past** 과거	□ **west** 서쪽
□ **hit** ~을 치다	□ **smile** 미소를 짓다	□ **push** ~을 밀다	□ **present** 현재	□ **south** 남쪽
□ **kick** ~을 발로 차다	□ **relax** 쉬다	□ **pull** ~을 잡아당기다	□ **future** 미래	□ **north** 북쪽

첫 번째의	애완동물	대화	우편	수업
□ **first** 첫 번째의	□ **fur** 털	□ **problem** 문제	□ **name** 이름	□ **idea** 생각, 의견
□ **second** 두 번째의	□ **tail** 꼬리	□ **communicate** 대화를 하다	□ **address** 주소	□ **word** 낱말, 단어
□ **third** 세 번째의	□ **beak** 부리	□ **both** 둘 다	□ **stamp** 우표	□ **sentence** 문장
□ **fourth** 네 번째의	□ **fin** 지느러미	□ **give** ~을 주다	□ **mail** 우편	□ **story** 이야기
□ **fifth** 다섯 번째의	□ **home** 집	□ **take** 받다, 잡다	□ **letter** 편지	□ **ask** 묻다, 질문하다
□ **sixth** 여섯 번째의	□ **special** 특별한	□ **agree** 동의하다	□ **parcel** 소포	□ **answer** 대답하다
□ **seventh** 일곱 번째의	□ **cute** 귀여운	□ **change** ~을 바꾸다	□ **pack** 싸다	□ **spell** 철자를 쓰다
□ **eighth** 여덟 번째의	□ **want** ~을 원하다	□ **fight** 싸우다	□ **send** ~을 보내다	□ **repeat** 반복하다
□ **ninth** 아홉 번째의	□ **keep** 기르다, 키우다	□ **phone** 전화를 하다	□ **deliver** 배달하다	□ **practice** 연습하다
□ **tenth** 열 번째의	□ **feed** ~에게 먹이를 주다	□ **talk** 이야기하다	□ **receive** ~을 받다	□ **understand** ~을 이해하다

은행	행사	수량	빈도	행동
□ **downtown** 시내	□ **card** 카드	□ **all** 모든, 모두	□ **always** 항상	□ **build** 짓다
□ **money** 돈	□ **party** 파티	□ **most** 대부분의	□ **usually** 일반적으로	□ **cover** 덮다
□ **gold** 금	□ **birthday** 생일	□ **many** (수가) 많은	□ **often** 자주, 종종	□ **cross** 건너다
□ **silver** 은	□ **anniversary** 기념일	□ **much** (양이) 많은	□ **sometimes** 때때로	□ **excuse** 용서하다
□ **rich** 부유한	□ **concert** 콘서트	□ **few** (수가) 거의 없는	□ **who** 누구	□ **join** 가입하다
□ **poor** 가난한	□ **festival** 축제	□ **little** (양이) 거의 없는	□ **when** 언제	□ **need** ~을 필요로 하다
□ **count** 세다	□ **show** 쇼	□ **half** 반, 2분의1	□ **where** 어디	□ **spend** ~을 쓰다, 소비하다
□ **exchange** 교환하다	□ **welcome** 환영하다	□ **enough** 충분한	□ **what** 무엇	□ **mean** ~을 의미하다
□ **borrow** ~을 빌리다	□ **marry** ~와 결혼하다	□ **empty** 빈	□ **how** 얼마나, 어떻게	□ **win** 이기다
□ **save** ~을 저축하다	□ **please** 기쁘게 하다	□ **fill** ~을 채우다	□ **why** 왜	□ **lose** 지다

Start

Chapter
1

현재 시제

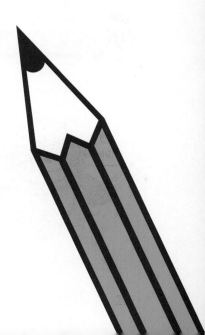

Unit 01

be동사와 일반동사의 현재

be동사: am, are, is   일반동사: read, run, eat ...
be동사와 일반동사는 주어와 시제에 따라 형태가 바뀌니 조심해야 해!

The sun :is: hot.

태양은 / 이다 / 뜨거운

He :starts: work at 9.

그는 / 시작한다 / 근무를 / 9시에

궁금해요!
현재 시제는 무엇인가요?
→ 현재 시제는 일반적인 사실, 현재의 상태나 습관 또는 반복적인 일상을 나타내는 시제예요.

be동사와 일반동사의 현재형

	주어	동사의 형태
be동사	I	am
	we / you / they	are
	he / she / it	is
일반동사	I / we / you / they	동사원형
	he / she / it	동사원형 + -(e)s

※ be동사: 현재형은 am, are, is가 있고 '~이다, ~에 있다'로 해석한다.
※ 일반동사: be동사와 조동사를 제외한 동사로, 다양한 동작이나 상태를 나타낸다.

3인칭 단수 주어(He/She/It)의 동사 변화

대부분의 동사	+ -s	open – opens	sit – sits	like – likes
o, x, s(s), sh, ch로 끝나는 동사	+ -es	go – goes wash – washes	fix – fixes catch – catches	cross – crosses
「자음 + y」로 끝나는 동사	y → -ies	study – studies	try – tries	worry – worries
「모음 + y」로 끝나는 동사	+ -s	enjoy – enjoys	play – plays	
불규칙 동사		have – has		

Answers p.02

기.초.탄.탄

A 다음 중 알맞은 것을 고르세요.

1 I (am / are / is) a reporter.

나는 / 이다 / 기자

2 We (am / are / is) in the drugstore.

우리는 / 있다 / 약국에

3 Jenny (am / are / is) very shy.

Jenny는 / 이다 / 매우 부끄러움을 타는

4 They (am / are / is) very polite.

그들은 / 이다 / 매우 예의 바른

5 The cabbage (am / are / is) in the refrigerator.

양배추는 / 있다 / 냉장고 안에

A 주어진 단어를 이용하여 문장을 완성하세요.

1 Jim and I _____ video games after school.

Jim과 나는 / 한다 / 비디오 게임을 / 방과 후에

2 We _____ every day.

우리는 / 운동한다 / 매일

3 The babies _____ in the bed.

그 아기들은 / 운다 / 침대에서

4 Camels _____ a lot of water.

낙타들은 / 마신다 / 많은 물을

5 I _____ some money.

나는 / 필요하다 / 약간의 돈이

보기

drink

exercise

need

cry

play

B 주어진 단어를 이용하여 문장을 완성하세요.

1 The boy _____ a letter to his parents. (write)

그 소년은 자신의 부모님께 편지를 쓴다.

2 He _____ the wall every year. (paint)

그는 매년마다 벽을 칠한다.

3 My sister _____ her homework. (do)

나의 언니는 자신의 숙제를 한다.

4 Jane _____ to the radio. (listen)

Jane은 라디오를 듣는다.

5 Tom _____ work at 7. (finish)

Tom은 7시에 퇴근한다.

★ 어휘 탄탄 ★

w ....

p ....

l ....

A 주어진 단어를 이용하여 문장을 완성하세요. (단, 동사의 형태에 유의하세요.)

> I **am** behind the tree. 나는 나무 뒤에 있다.
> → I <u>hide</u> **behind the tree.** (hide) 나는 나무 뒤에 숨는다.

1 I <u>am</u> at the bus stop. 나는 버스 정류장에 있다.

→ I _____ at the bus stop. (wait) 나는 버스 정류장에서 기다린다.

2 They <u>are</u> on the sofa. 그들은 소파에 있다.

→ They _____ on the sofa. (sleep) 그들은 소파에서 잠을 잔다.

3 We <u>are</u> in the restaurant. 우리는 그 식당에 있다.

→ We _____ in the restaurant. (eat) 우리는 그 식당에서 먹는다.

4 Cathy <u>is</u> in the playground. Cathy는 운동장에 있다.

→ Cathy _____ in the playground. (play) Cathy는 운동장에서 논다.

5 Mary <u>is</u> in the library. Mary는 도서관에 있다.

→ Mary _____ in the library. (study) Mary는 도서관에서 공부한다.

B 주어진 단어를 알맞게 배열하세요.

1 나는 지금 6학년이다. (am, now, in the 6th grade, I)

→ _____

2 그는 매일 샤워를 한다. (takes a shower, every day, he)

→ _____

3 나의 삼촌은 좋은 차를 가지고 있다. (has, my uncle, a nice car)

→ _____

4 캐나다 사람들은 영어와 불어를 한다. (French, English, Canadians, speak, and)

→ _____

5 지구는 태양 주위를 돈다. (around, moves, Earth, the sun)

→ _____

r _____

p _____

s _____

s _____

C _____

E _____

A 주어진 단어를 이용하여 문장을 완성하세요.

주어	+	am / are / is

1 나는 화가 난다. (I)

→ _____

2 당신은 비행기 조종사입니다. (you)

→ _____

3 그 가방은 값이 저렴하다. (the bag)

→ _____

보기 1~3

cheap

a pilot

upset

주어	+	동사원형

4 우리는 같은 영어 수업을 듣는다. (take)

→ _____

5 그들은 우선 김치를 맛본다. (taste)

→ _____

6 나는 한 잔의 커피를 만든다. (make)

→ _____

보기 4~6

a cup of coffee

kimchi first

the same English class

3인칭 단수 주어	+	동사원형 +-(e)s

7 나의 이모는 집에서 영화를 보신다. (aunt, watch)

→ _____

8 이 새는 하늘 높이 난다. (fly)

→ _____

9 그 남자는 그 문을 페인트칠한다. (paint)

→ _____

10 그의 아버지는 밤에 낚시를 가신다. (go fishing)

→ _____

보기 7~10

high in the sky

at night

the door

movies at home

Unit 02 현재 시제의 부정문

be동사의 부정: am/are/is + not
일반동사의 부정: do/does + not + 동사원형

We are twins. → We are ⟨not⟩ twins.

우리는 / 이다 / 쌍둥이   우리는 / 아니다 / 쌍둥이

We look alike. → We ⟨do not⟩ look alike.

우리는 / 보인다 / 닮아   우리는 / 보이지 않는다 / 닮아

궁금해요!

그와 그녀(he and she)는 be동사를 어떻게 써야 하나요?

you and I Mark and I	=	we (are)
he and she Tony and Lucy	=	they (are)
you and she you and Chris	=	you (are)

be동사의 현재 시제 부정문

I	am not	
we / you / they	are not [aren't]	~(에) 없다, ~이 아니다
he / she / it	is not [isn't]	

일반동사의 현재 시제 부정문

I / we / you / they	do not [don't] + 동사원형	
he / she / it	does not [doesn't] + 동사원형	~하지 않는다

Answers p.02

기.초.탄.탄

A 다음 중 알맞은 것을 고르세요.

1 They (am not / aren't / isn't) shrimps.　　　그것들은 / 아니다 / 새우들이

2 We (am not / aren't / isn't) foolish.　　　우리는 / 아니다 / 어리석은

3 The road (am not / aren't / isn't) narrow.　　　그 길은 / 아니다 / 좁은

4 I (am not / aren't / isn't) an artist.　　　나는 / 아니다 / 예술가가

5 It (am not / aren't / isn't) a candle.　　　그것은 / 아니다 / 양초가

22

A 우리말에 맞게 주어진 단어를 이용하여 문장을 완성하세요.

1 I _____ _____ beautiful.

나는 / 아니다 / 아름다운

2 The farmer _____ _____ plant seeds.

그 농부는 / 심지 않는다 / 씨앗을

3 My friends _____ _____ at the library.

나의 친구들은 / 있지 않다 / 도서관에

4 Sally and June _____ _____ do their homework.

Sally와 June은 / 하지 않는다 / 자신들의 숙제를

5 Ken _____ _____ with his grandparents.

Ken은 / 있지 않다 / 자신의 조부모님과 함께

B 우리말에 맞게 문장을 완성하세요. (단, 가능한 경우 축약형을 쓰세요.)

★ 어휘 탄탄 ★

1 I _____ in the bathroom.

나는 화장실 안에 있지 않다.

b _____

2 Susan and her brother _____ keep their word.

Susan과 그녀의 남동생은 약속을 지키지 않는다.

3 The doctor _____ angry.

그 의사는 화나지 않았다.

d _____

4 The snakes _____ cute.

그 뱀들은 귀엽지 않다.

5 The boy _____ brush his teeth in the morning.

그 소년은 아침에 양치질하지 않는다.

s _____

A 주어진 문장을 부정문으로 바꾸세요. (단, 축약형을 쓰지 마세요.)

> · **They are violins.** 그것들은 바이올린이다.
> → **They are not violins.**
> · **They play the violin.** 그들은 바이올린을 연주한다.
> → **They do not play the violin.**

Hint

1 They <u>are</u> guitars. 그것들은 기타이다.

→ _____

2 The answer <u>is</u> correct. 그 답은 정확하다.

→ _____

3 I <u>am</u> an excellent scientist. 나는 훌륭한 과학자이다.

→ _____

4 We <u>go</u> on a picnic. 우리는 소풍을 간다.

→ _____

5 The grass <u>grows</u> very fast. 잔디는 매우 빨리 자란다.

→ _____

B 주어진 단어를 알맞게 배열하세요.

1 내 손목이 아프지 않다. (hurt, my wrist, doesn't)

→ _____

2 나는 체육관에 있지 않다. (am, the gym, in, I, not)

→ _____

3 거북이들은 천천히 수영하지 않는다. (swim, slowly, turtles, don't)

→ _____

4 그 책들은 두껍지 않다. (are, thick, the books, not)

→ _____

5 그 해변은 아침에는 깨끗하지 않다. (is, clean, in the morning, the beach, not)

→ _____

★ 어휘 탄탄 ★

g _____

p _____

g _____

w _____

t _____

b _____

영.작.탄.탄

A 주어진 단어를 이용하여 문장을 완성하세요.

> **am / are / is** **+** **not**

보기 1~3

warm

in New York

absent

1 나는 뉴욕에 있지 않다. (I)

→ _____

2 그 학생은 결석하지 않았다. (the student)

→ _____

3 그 담요들은 따뜻하지 않다. (the blankets)

→ _____

> **don't** **+** **동사원형**

보기 4~6

chopsticks

at night

shoes in the house

4 부엉이들은 밤에 자지 않는다. (owls, sleep)

→ _____

5 어떤 사람들은 젓가락을 사용하지 않는다. (some people, use)

→ _____

6 한국사람들은 집에서 신발을 신지 않는다. (Koreans, wear)

→ _____

> **doesn't** **+** **동사원형**

보기 7~10

coffee a lot

the dishes

any questions

good

7 그 샴푸는 냄새가 좋지 않다. (the shampoo, smell)

→ _____

8 그 승객은 커피를 많이 마시지 않는다. (the passenger, drink)

→ _____

9 그 사람은 아무 질문도 하지 않는다. (the person, ask)

→ _____

10 나의 아버지는 설거지를 하지 않으신다. (father, wash)

→ _____

Unit 03

현재 시제의 의문문

be동사의 의문문: **Am/Are/Is** + 주어 ~?

일반동사의 의문문: **Do/Does** + 주어 + 동사원형 ~?

She is **smart**. → Is she **smart**?

그녀는 / 이다 / 똑똑한   인가요 / 그녀는 / 똑똑한

She goes **to the library every day.** → Does she go **to the library every day?**

그녀는 / 간다 / 도서관에 / 매일   그녀는 가나요 / 도서관에 / 매일

be동사 현재 시제의 의문문

I	Am + I ~?	
we / you / they	Are + 주어 ~?	~(에)있나요?, ~인가요?
he / she / it	Is + 주어 ~?	

일반동사 현재 시제의 의문문

I / we / you / they	Do + 주어 + 동사원형 ~?	
he / she / it	Does + 주어 + 동사원형 ~?	~하나요?

Answers p.03

 기.초.탄.탄

A 다음 중 알맞은 것을 고르세요.

1 (Am / Are / Is) it a fin?   인가요? / 그것은 / 지느러미

2 (Am / Are / Is) I beautiful?   인가요? / 나는 / 아름다운

3 (Am / Are / Is) you nervous?   이니? / 너는 / 긴장된

4 (Am / Are / Is) Jerry and Tommy short?   인가요? / Jerry와 Tommy는 / (키가) 작은

5 (Am / Are / Is) this a fountain?   인가요? / 이것이 / 분수

기.본.탄.탄

A 우리말에 맞게 주어진 단어를 이용하여 문장을 완성하세요.

1 _____ the twins _____ different?

그 쌍둥이들은 / 보이나요? / 다르게

2 _____ they _____ English?

그들은 / 말하나요? / 영어를

3 _____ your brother _____ the book?

당신의 형은 / 아나요? / 그 책을

4 _____ we _____ any water?

우리는 / 갖고 있나요? / 약간의 물을

5 _____ the girl _____ a lie?

그 소녀는 / 말하나요? / 거짓말을

★ 어휘 탄탄 ★

B 우리말에 맞게 문장을 완성하세요.

1 _____ those musicians from Germany?

저 음악가들은 독일에서 왔나요?

m
....

2 _____ I a great singer?

제가 훌륭한 가수인가요?

I am a boy.

3 _____ this answer correct?

이 답이 옳은가요?

s
....

4 _____ you understand this sentence?

당신은 이 문장을 이해하나요?

5 _____ the waiter fill empty glasses?

그 웨이터는 빈 잔을 채우나요?

f
....

A 주어진 문장을 의문문으로 바꾸세요.

> · **We are in City Hall.** 우리는 시청에 있다.
> → **Are we in City Hall?**
> · **You live in a big house.** 너는 큰 집에서 산다.
> → **Do you live in a big house?**

1 I <u>am</u> a special student. 나는 특별한 학생이다.

→ _____

2 The answer <u>is</u> wrong. 그 답이 틀리다.

→ _____

3 They <u>are</u> so brave. 그들은 매우 용감하다.

→ _____

4 The sunglasses <u>look</u> expensive. 그 선글라스는 비싸 보인다.

→ _____

5 The coin <u>falls</u> into the fountain. 그 동전은 분수에 빠진다.

→ _____

B 주어진 단어를 알맞게 배열하세요.

1 당신들은 훌륭한 과학자인가요? (are, scientists, you, great)

→ _____

2 그 소년은 공을 잡나요? (catch, the ball, the boy, does)

→ _____

3 제가 춤을 잘 추나요? (am, dancing, I, good at)

→ _____

4 그들은 산책을 하나요? (take, they, do, a walk)

→ _____

5 이것이 당신이 가장 좋아하는 음악인가요? (your, this, music, favorite, is)

→ _____

★ 어휘 탄탄 ★

w ....

e ....

f ....

s ....

c ....

f ....

A 주어진 단어를 이용하여 문장을 완성하세요.

> | Am / Are / Is | + | 주어 | ~?

보기 1~3

your passport

wet

late for the show

1 제가 쇼에 늦었나요? (I)

→ _____

2 그 바지가 젖었나요? (the pants)

→ _____

3 저것이 당신의 여권인가요? (that)

→ _____

> | Do | + | 주어 | + | 동사원형 | ~?

보기 4~6

the cheese

the train

the noise

4 너는 그 소음이 들리니? (hear)

→ _____

5 그 쥐들이 그 치즈를 숨기나요? (the mice, hide)

→ _____

6 그들은 그 기차를 기다리나요? (wait for)

→ _____

> | Does | + | 주어 | + | 동사원형 | ~?

보기 7~10

with the dog

in winter

at 5

the tree

7 그 축제는 5시에 시작하나요? (the festival, start)

→ _____

8 그 아이가 개와 함께 노나요? (the kid, play)

→ _____

9 그 곰은 나무를 오르나요? (climb)

→ _____

10 그 수업은 겨울에 끝나나요? (the class, finish)

→ _____

응·용·탄·탄

A 그림을 보고 알맞은 단어를 골라 문장을 완성하세요.

1

she	he	they
have	is	has
a	an	
lion	puppy	elephant

→ _____

2

she	they	he
aren't	don't	doesn't
like	feed	cook
nuts	vegetables	fruits

→ _____

B 코드표를 보고 알맞은 단어를 찾아 문장을 완성하세요.

■	□	▣	☰	▥	▦	◩	◪	▨	▲	△	▶	▼
A	B	C	D	E	F	G	H	I	J	K	L	M

▽	◆	◇	◈	○	◎	●	◑	◐	★	♠	♣	♡
N	O	P	Q	R	S	T	U	V	W	X	Y	Z

1 ▨ ▣▼ ◑▥○♣ ▣▽◩○♣. (4 words)

→ _____

2 ☰◆▥◎ ◎◪▥ ◩◆ ◎◪◆◇◇▨▽◩? (4 words)

→ _____

3 ◪▥ ☰◆▥◎▽'● ☰○▨▽△ ▼▨▶△. (4 words)

→ _____

4 ◎◪▥ ▨◎ ▨▽ ◪▥○ ○◆◆▼. (5 words)

→ _____

Chapter
2

과거 시제

Unit 01

be동사 과거

be동사의 과거(~이었다, ~있었다): **was/were**
그렇다면, '나는 기뻤다'는 '**I was glad**'?

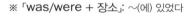

I am a student now. → **I was a student last year.**

나는 / 이다 / 학생 / 지금   나는 / 이었다 / 학생 / 지난해에

You are in the room. → **You were in the room then.**

너는 / 있다 / 방안에(장소)   너는 / 있었다 / 방안에(장소) / 그때

be동사의 과거형

주어	현재형	과거형
I	am	was
he / she / it	is	
we / you / they	are	were

※ 「was/were + 장소」: ~(에) 있었다
※ 「was/were + 장소를 제외한 명사, 형용사」: ~이었다

과거 시제는 무엇인가요?
→ 과거에 이미 끝난 동작이나 상태, 역사적 사실을 나타내며, 주로 yesterday, before, ago, then, last week/month/year 등의 과거를 나타내는 말과 함께 사용해요.

Answers p.04

 기.초.탄.탄

A 다음 중 알맞은 것을 고르세요.

1 I (was / were) ten years old last year.
     나는 / 이었다 / 10살 / 작년에

2 They (was / were) my teachers.
     그들은 / 이셨다 / 나의 선생님들

3 We (was / were) close friends.
     우리는 / 이었다 / 친한 친구들

4 It (was / were) sunny yesterday.
     (날씨가) 맑았었다 / 어제

5 My sister and I (was / were) in the classroom.
     나의 언니와 나는 / 있었다 / 교실에

A 우리말에 맞게 문장을 완성하세요.

1 The food _____ so delicious.

그 음식은 / 이었다 / 매우 맛있는

d _____

2 They _____ kind doctors.

그들은 / 이었다 / 친절한 의사들

d _____

3 We _____ very excited.

우리는 / 이었다 / 매우 신난

l _____

4 The students _____ in the gym.

그 학생들은 / 있었다 / 체육관에

5 Michael _____ late for the meeting.

Michael은 / 이었다 / 늦은 / 회의에

B 우리말에 맞게 문장을 완성하세요.

1 _____ _____ a good lawyer.

너는 좋은 변호사였다.

l _____

2 _____ _____ a nice restaurant.

그것은 멋진 식당이었다.

3 _____ _____ in the hospital last week.

나는 지난주에 병원에 있었다.

h _____

4 _____ _____ very shy.

그는 매우 수줍음을 탔다.

s _____

5 _____ _____ so tired.

우리는 매우 피곤했다.

실.력.탄.탄

A 주어진 문장을 과거 시제로 바꾸세요.

> **I am a police officer.** 나는 경찰관이다.
> → **I was a police officer.** 나는 경찰관이었다.

1 My father is a businessman. 나의 아버지는 사업가이시다.

→ _____

b

2 It is my birthday. 나의 생일이다.

→ _____

b

3 The passengers are in the car. 그 승객들은 차 안에 있다.

→ _____

4 He is a famous astronaut. 그는 유명한 우주비행사이다.

→ _____

a

5 Kimberly and John are classmates. Kimberly와 John은 반 친구이다.

→ _____

B 주어진 단어를 알맞게 배열하세요.

1 그들은 같은 공장에 있었다. (were, they, in the same factory)

→ _____

f

2 그녀의 고양이는 소파 아래에 있었다. (under the sofa, was , her cat)

→ _____

3 나의 아이들은 해변에 있었다. (were, on the beach, my children)

→ _____

b

4 그 커피는 매우 뜨거웠다. (was, the coffee, so hot)

→ _____

s

5 그 배우는 거미를 무서워했다. (was, spiders, scared of, the actor)

→ _____

A 주어진 단어를 이용하여 문장을 완성하세요.

| 주어(단수) | + | was |

보기 1-5

so easy

in the purse

a strange dream

in Japan last year

very busy yesterday

1 나는 어제 매우 바빴다.

→ _____

2 그 시험은 너무 쉬웠다. (the test)

→ _____

3 그녀는 작년에 일본에 있었다.

→ _____

4 그 돈은 지갑 속에 있었다. (the money)

→ _____

5 그것은 이상한 꿈이었다.

→ _____

| 주어(복수) | + | were |

보기 6-10

very tired

in the elevator

interesting books

behind the building

full of toys

6 그 자동차들은 건물 뒤에 있었다. (the cars)

→ _____

7 Jane과 Phillip은 매우 피곤했다.

→ _____

8 그것들은 재미있는 책들이었다.

→ _____

9 그 방들은 장난감으로 가득했다. (the rooms)

→ _____

10 우리는 엘리베이터 안에 있었다.

→ _____

Unit 02 일반동사 과거 (규칙 변화)

일반동사의 과거 (규칙 변화): 동사원형 + -(e)d
그렇다면, '그는 움직였다'는 'He moved'?

We play in the playground. → We played in the playground this morning.

우리는 / 논다 / 놀이터에서   우리는 / 놀았다 / 놀이터에서 / 오늘 아침에

일반동사 과거의 규칙 변화

대부분의 동사	+ -ed	want – wanted talk – talked start – started work – worked
-e로 끝나는 동사	+ -d	move – moved love – loved like – liked invite – invited
자음 + y	-y → -ied	try – tried cry – cried worry – worried marry – married
모음 + y	+ -ed	enjoy – enjoyed play – played stay – stayed
단모음 + 단자음	자음 하나 더 쓰고 + -ed	stop – stopped plan – planned

Answers p.04

 기.초.탄.탄

A 다음 중 알맞은 것을 고르세요.

1 I (work / worked) until 11 p.m. last night.
나는 / 일했다 / 11시까지 / 지난밤에

2 She (stops / stopped) singing a minute ago.
그녀는 / 멈췄다 / 노래하는 것을 / 일 분 전에

3 Kate (married / marries) her boyfriend last week.
Kate는 / 결혼했다 / 자신의 남자친구와 / 지난주에

4 My grandparents (die / died) during the war.
나의 조부모님은 / 돌아가셨다 / 전쟁 동안에

5 They (enjoy / enjoyed) the movie yesterday.
그들은 / 즐겼다 / 그 영화를 / 어제

A 주어진 단어를 이용하여 문장을 완성하세요.

1 I _____ her pencil.

나는 / 사용했다 / 그녀의 연필을

2 The children _____ the road.

그 아이들은 / 건넜다 / 그 길을

3 My grandmother _____ a wheelchair.

나의 할머니는 / 필요하셨다 / 휠체어가

4 Kelly _____ with me.

Kelly는 / 동의했다 / 나에게

5 He _____ the book club.

그는 / 가입했다 / 그 독서 모임에

보기

need

agree

join

cross

use

B 주어진 단어를 이용하여 문장을 완성하세요.

1 Sue _____ her hair. (dry)

Sue는 자신의 머리를 말렸다.

2 My sister _____ breakfast. (skip)

나의 누나는 아침 식사를 걸렀다.

3 The teammates _____ each other. (hug)

그 팀 동료들은 서로를 껴안았다.

4 The workers _____ heavy boxes. (carry)

그 근로자들은 무거운 상자들을 날랐다.

5 We _____ soccer on the field. (play)

우리는 경기장에서 축구를 했다.

★ 어휘 탄탄 ★

d ....

h ....

f ....

A 밑줄 친 단어를 과거 시제로 바꿔 문장을 다시 쓰세요.

> **I bake an apple pie.** 나는 애플파이를 굽는다.
> → **I baked an apple pie.**

1 The cook <u>opens</u> the window. 그 요리사는 창문을 연다.

→ _____

2 A police officer <u>stops</u> the truck. 한 경찰관이 그 트럭을 세운다.

→ _____

3 The girl <u>enjoys</u> the music. 그 소녀는 그 음악을 즐긴다.

→ _____

4 Jill <u>answers</u> the phone. Jill은 전화를 받는다.

→ _____

5 The singer <u>dances</u> very well. 그 가수는 춤을 매우 잘 춘다.

→ _____

B 주어진 단어를 알맞게 배열하세요.

1 그 승무원들은 승객들을 반겼다. (welcomed, the crew members, the passengers)

→ _____

2 예쁜 숙녀가 그에게 미소를 지었다. (smiled, at him, a pretty lady)

→ _____

3 James는 수학시험을 위해 열심히 공부했다. (studied, for the math test, James, hard)

→ _____

4 그 축구선수들은 그 경기를 시작했다. (the game, the soccer players, started)

→ _____

5 우리는 지난해에 많은 돈을 저축했다. (money, saved, we, last year, a lot of)

→ _____

p _____

t _____

p _____

c _____

w _____

m _____

A 주어진 단어를 이용하여 문장을 완성하세요.

주어 **+** 과거동사(규칙 변화)

1 나는 그 청바지를 챙겼다. (pack)

→ _____

2 그는 자신의 친구들을 초대했다. (invite)

→ _____

3 Aaron은 한 병의 우유를 원했다. (want)

→ _____

4 그 요리사는 토마토 수프를 맛보았다. (the cook, taste)

→ _____

5 그녀는 자신의 손을 씻었다. (wash)

→ _____

6 나의 아버지는 공원에서 조깅하셨다. (jog)

→ _____

7 그 여왕은 자신의 성에서 머물렀다. (the queen, stay)

→ _____

8 그 남자는 걱정을 너무 많이 했다. (worry)

→ _____

9 그 소년은 그 축구공을 떨어뜨렸다. (drop)

→ _____

10 너의 여동생은 하루 종일 울었다. (cry)

→ _____

보기 1~5

a bottle of milk

his friends

her hands

the jeans

the tomato soup

보기 6~10

too much

the soccer ball

all day long

in her castle

in the park

Unit 03 일반동사 과거 (불규칙 변화)

과거형이 불규칙적으로 변하는 동사는 외울 수밖에 없어!
do(하다)는 **did**, **give**(주다)는 **gave**로 바뀌듯이 다양한 형태가 있어.

I see the kite in the sky. → **I saw the kite in the sky** last Sunday.

나는 / 본다 / 그 연을 / 하늘에서   나는 / 보았다 / 그 연을 / 하늘에서 / 지난 일요일에

불규칙 변화

불규칙 변화 동사	begin – began break – broke bring – brought buy – bought catch – caught come – came do – did draw – drew	drive – drove eat – ate feel – felt find – found forget – forgot get – got give – gave go – went	have – had hear – heard hide – hid keep – kept know – knew lose – lost make – made meet – met	pay – paid run – ran say – said see – saw sell – sold send – sent sing – sang sleep – slept	speak – spoke take – took teach – taught tell – told think – thought wear – wore win – won write – wrote
현재형과 과거형이 같은 동사	cut – cut	hit – hit	hurt – hurt	put – put	read – read [ri:d] [red]

Answers p.05

 기.초.탄.탄

A 주어진 동사를 과거형으로 바꾸세요.

1 know – _____
   알다   알았다

2 sing – _____
   노래하다   노래했다

3 think – _____
   생각하다   생각했다

4 lose – _____
   잃다   잃었다

5 find – _____
   찾다   찾았다

6 cut – _____
   자르다   잘랐다

7 send – _____
   보내다   보냈다

8 see – _____
   보다   봤다

9 have – _____
   가지다   가졌다

10 buy – _____
   사다   샀다

11 feel – _____
   느끼다   느꼈다

12 make – _____
   만들다   만들었다

A 주어진 단어를 이용하여 문장을 완성하세요.

★ 어휘 탄탄 ★

1 My father _____ his car for 5 hours yesterday. (drive)

나의 아버지는 / 운전하셨다 / 자신의 자동차를 / 5시간 동안 / 어제

d _____

2 He _____ too much chocolate. (have)

그는 / 먹었다 / 너무 많은 / 초콜릿을

m _____

3 The man _____ the truth. (tell)

그 남자는 / 말했다 / 진실을

4 Brad _____ back to Korea. (come)

Brad는 / 돌아왔다 / 한국으로

k _____

5 Ken _____ a kitten home. (bring)

Ken은 / 데리고 왔다 / 새끼고양이 한 마리를 / 집으로

B 주어진 단어를 이용하여 문장을 완성하세요.

1 We _____ the school uniforms.

우리는 교복을 입었다.

보기
do
wear
get
eat
run

2 They _____ some apples.

그들은 몇 개의 사과를 얻었다.

3 Dave _____ the dishes.

Dave는 설거지를 했다.

4 The boy _____ to his mother.

그 소년은 자신의 엄마에게 달려갔다.

5 I _____ some delicious pizza.

나는 맛있는 피자를 먹었다.

A 밑줄 친 단어를 과거 시제로 바꿔 문장을 다시 쓰세요.

> **The baseball player hits the ball.** 그 야구 선수는 공을 친다.
> → **The baseball player hit the ball.** 그 야구 선수는 공을 쳤다.

1 The woman buys many dresses. 그 여자는 많은 드레스를 산다.

→ _____

2 Leaves fall from the tree. 나뭇잎들이 나무에서 떨어진다.

→ _____

3 A girl chooses a big candy. 한 소녀가 큰 사탕을 고른다.

→ _____

4 The tree stands in front of the castle. 그 나무가 성 앞에 서 있다.

→ _____

5 The teacher teaches English. 그 선생님은 영어를 가르치신다.

→ _____

B 주어진 단어를 알맞게 배열하세요.

1 한 아이가 동전 하나를 분수에 던졌다. (threw, into the fountain, a child , a coin)

→ _____

2 나는 지난밤에 큰 소음을 들었다. (heard, a big noise, last night, I)

→ _____

3 그 쥐는 커튼 뒤에 치즈를 숨겼다. (hid, behind the curtain, the mouse, the cheese)

→ _____

4 그녀는 아름다운 그림을 그렸다. (drew, a beautiful picture, she)

→ _____

5 그들은 일주일 전에 영화관에 갔다. (went, a week ago, to the movies, they)

→ _____

★ 어휘 탄탄 ★

l

c

c

t

f

c

42

A 주어진 단어를 이용하여 문장을 완성하세요.

| 주어 | + | 과거동사(불규칙 변화) |

1 그 자동차는 벽을 들이받았다. (the car, hit)

→ _____

2 그의 삼촌은 3일 전에 그 나무를 잘랐다. (uncle, cut down, the tree)

→ _____

3 그 아이들은 동화책들을 읽었다. (the kids, read)

→ _____

4 나의 어머니는 그 파이를 탁자 위에 놓으셨다. (put, the pie)

→ _____

5 그는 자신의 아들을 기차역에서 만났다. (meet, his son)

→ _____

6 그녀는 우리를 위해 차를 만들었다. (make)

→ _____

7 Cindy는 나의 전화번호를 알고 있었다. (know)

→ _____

8 우리는 딸기주스를 마셨다. (drink)

→ _____

9 경찰은 그 소녀의 고양이를 발견했다. (the police, find)

→ _____

10 그들은 식탁에 조용히 앉았다. (sit, quietly)

→ _____

보기 1~5

3 days ago

storybooks

at the train station

the wall

on the table

보기 6~10

tea for us

at the table

the girl's cat

my phone number

strawberry juice

Unit 04

과거 시제의 부정문

be동사 과거형의 부정문: was/were + not
일반동사 과거형의 부정문: did + not + 동사원형

I was in the car an hour ago. → I was : not : in the car an hour ago.

나는 / 있었다 / 그 차 안에 / 한 시간 전에 　　나는 / 있지 않았다 / 그 차 안에 / 한 시간 전에

He cried a lot last night. → He : did　not : cry a lot last night.

그는 / 울었다 / 많이 / 지난밤에 　　그는 / 울지 않았다 / 많이 / 지난밤에

be동사 과거형의 부정문

I / he / she / it	was not [wasn't]	~에 있지 않았다, ~이 아니었다
you / we / they	were not [weren't]	

일반동사 과거형의 부정문

모든 주어	did not [didn't] + 동사원형	~하지 않았다

Answers p.06

 기.초.탄.탄

A 다음 중 알맞은 것을 고르세요.

1 Jamie and her sister (was not / were not) twins.　Jamie와 그녀의 여동생은 / 아니었다 / 쌍둥이가

2 Ms. Johnson (was not / were not) a nurse.　Johnson 양은 / 아니었다 / 간호사가

3 I (was not / were not) curious about it.　나는 / 않았다 / 호기심이 있지 / 그것에 대해

4 The wind (wasn't / weren't) strong.　바람이 / 아니었다 / 강한

5 My pets (wasn't / weren't) smart.　나의 애완동물은 / 아니었다 / 똑똑한

44

A 우리말에 맞게 보기에 주어진 단어를 이용하여 문장을 완성하세요.

1 I _____ _____ _____ cucumbers.

나는 / 좋아하지 않았다 / 오이를

2 He _____ _____ _____ a bicycle.

그는 / 타지 않았다 / 자전거를

3 They _____ _____ _____ breakfast this morning.

그들은 / 먹지 않았다 / 아침 식사를 / 오늘 아침에

4 She _____ _____ _____ the dolphins.

그녀는 / 보지 않았다 / 그 돌고래들을

5 We _____ _____ _____ in the room.

우리는 / 뛰지 않았다 / 방에서

보기
have
like
run
see
ride

B 우리말에 주어진 단어를 이용하여 문장을 완성하세요. (단, 가능한 경우 축약형을 쓰세요.)

★ 어휘 탄탄 ★

1 It _____ an expensive present. (be)

그것은 비싼 선물이 아니었다.

2 Bananas _____ in the basket. (be)

바나나들은 바구니에 있지 않았다.

3 The rulers _____ mine. (be)

그 자들은 내 것이 아니었다.

4 The movie _____ _____ at 2 p.m. (start)

그 영화는 오후 2시에 시작하지 않았다.

5 We _____ _____ the bus. (catch)

우리는 그 버스를 타지 않았다.

b

b

r

A 주어진 문장을 부정문으로 바꾸세요. (단, 축약형으로 쓰지 마세요.)

> Hint
> · **They were cute.** 그들은 귀여웠다.
> → **They were not cute.**
> · **She ate lunch.** 그녀는 점심을 먹었다.
> → **She did not eat lunch.**

1 It <u>was</u> a pretty dress. 그것은 예쁜 드레스였다.

→ _____

2 My hobby <u>was</u> dancing. 나의 취미는 춤추기였다.

→ _____

3 We <u>were</u> in the same class. 우리는 같은 반에 있었다.

→ _____

4 I <u>bought</u> a new TV. 나는 새로운 TV를 샀다.

→ _____

5 The boy <u>sent</u> a letter to her. 그 소년은 그녀에게 편지를 보냈다.

→ _____

h ....

d ....

l ....

B 주어진 단어를 알맞게 배열하세요.

1 그녀는 학교에 늦지 않았다. (was, late for school, she, not)

→ _____

2 그 가수들은 쇼를 위한 준비가 되지 않았다. (were, ready for the show, the singers, not)

→ _____

3 그 여행가방은 정말 강하진 않았다. (strong, the suitcase, really, wasn't)

→ _____

4 Ken은 강에서 수영하지 않았다. (swim, not, Ken, in the river, did)

→ _____

5 우리 엄마는 그 샌드위치를 만들지 않으셨다. (make, my mom, the sandwich, didn't)

→ _____

r ....

s ....

r ....

영.작.탄.탄

A 주어진 단어를 이용하여 문장을 완성하세요.

주어	**+**	wasn't / weren't

보기 1~5

bored

a calendar

at the market

broken

thirsty

1 나는 목마르지 않았다.

→ _____

2 우리는 심심하지 않았다.

→ _____

3 그것은 달력이 아니었다.

→ _____

4 그 카메라들은 망가지지 않았다.

→ _____

5 그는 시장에 없었다.

→ _____

주어	**+**	didn't	**+**	동사원형

보기 6~10

fresh eggs

the volleyball game

me

with his sister

her teeth

6 그녀는 어제 이를 닦지 않았다. (brush, yesterday)

→ _____

7 그들은 배구경기를 보지 않았다. (watch)

→ _____

8 Jake는 자신의 여동생과 싸우지 않았다. (fight)

→ _____

9 그 제빵사들은 신선한 달걀들을 사지 않았다. (the bakers, buy)

→ _____

10 너는 어젯밤에 내게 전화하지 않았다. (call, last night)

→ _____

Unit 05
과거 시제의 의문문

be동사 과거형의 의문문: **Was/Were + 주어 + ~?**

일반동사 과거형의 의문문: **Did + 주어 + 동사원형 ~?**

They were **students in 2016.** → Were they **students in 2016?**

그들은 / 이었다 / 학생들 / 2016년에   이었나요 / 그들은 / 학생들 / 2016년에

They studied **hard yesterday.** → Did they study **hard yesterday?**

그들은 / 공부했다 / 열심히 / 어제   그들은 공부했나요 / 열심히 / 어제

be동사 과거형의 의문문

I / he / she / it	Was + 주어 ~?	~에 있었나요?, ~이었나요?
you / we / they	Were + 주어 ~?	

일반동사 과거형의 의문문

모든 주어	Did + 주어 + 동사원형 ~?	~했나요?

Answers p.06

 기.초.탄.탄

A 다음 중 알맞은 것을 고르세요.

1 (Was / Were) the towels in the drawer?   있었나요? / 그 수건들은 / 서랍에

2 (Was / Were) I a polite student?   이었나요? / 내가 / 예의 바른 / 학생

3 (Was / Were) the pears sweet?   이었나요? / 그 배들은 / 달콤한

4 (Was / Were) the pen in the pencil case?   있었나요? / 그 펜이 / 필통에

5 (Was / Were) she kind?   이었나요? / 그녀는 / 친절한

A 우리말에 맞게 주어진 단어를 이용하여 문장을 완성하세요.

1 _____ they _____ together yesterday?

그들은 함께 모였나요? / 어제

2 _____ she _____ for me?

그녀는 기다렸나요? / 나를

3 _____ the kid _____ medicine?

그 아이는 먹었나요? / 약을

4 _____ John _____ a birthday party?

John은 열었나요? / 생일파티를

5 _____ you _____ to class on time?

너는 왔니? / 수업에 / 제시간에

보기

get

take

come

have

wait

B 우리말에 맞게 문장을 완성하세요.

1 _____ the boys in the museum?

그 소년들은 박물관에 있었나요?

2 _____ my teacher upset?

나의 선생님이 화가 났었나요?

3 _____ he bring his cat?

그는 그의 고양이를 데려왔나요?

4 _____ they invite you to their house?

그들은 그들의 집에 당신을 초대했나요?

5 _____ you meet my parents?

너는 우리 부모님을 만났니?

★ 어휘 탄탄 ★

m _____

u _____

i _____

A 주어진 문장을 의문문으로 바꾸세요.

★ 어휘 탄탄 ★

> · **He was funny.** 그는 웃겼다.
>   → **Was he funny?**
> · **We watched a movie.** 우리는 영화 한 편을 봤다.
>   → **Did we watch a movie?**

1 The room <u>was</u> so cold. 그 방은 매우 추웠다.

→ _____

2 The grapes <u>were</u> cheap. 그 포도들은 (가격이) 쌌다.

→ _____

3 They <u>washed</u> their shoes. 그들은 자신의 신발을 빨았다.

→ _____

4 The bird <u>flew</u> high in the sky. 그 새는 하늘 높이 날았다.

→ _____

5 Mr. Taylor <u>wrote</u> this book. Taylor 선생님이 이 책을 쓰셨다.

→ _____

g ....

c ....

s ....

B 주어진 단어를 알맞게 배열하세요.

1 그 가위는 날카로웠나요? (were, sharp, the scissors)

→ _____

2 그 엘리베이터가 또 고장 났나요? (was, broken, again, the elevator)

→ _____

3 당신의 부모님이 나를 기억했나요? (remember, your parents, me, did)

→ _____

4 너는 젓가락을 샀니? (buy, chopsticks, you, did)

→ _____

5 어제 공기가 깨끗했나요? (was, yesterday, the air, clean)

→ _____

s ....

e ....

c ....

A 주어진 단어를 이용하여 문장을 완성하세요.

> Was / Were ＋ 주어 ~?

보기 1~5

fast

expensive

too noisy

quiet

warm

1 그 컴퓨터는 빨랐나요? (the computer)

→ _____

2 그 양말들은 따뜻했나요? (the socks)

→ _____

3 제가 너무 시끄러웠나요? (I)

→ _____

4 그 스케이트는 비쌌나요? (the skates)

→ _____

5 그 도서관은 조용했나요? (the library)

→ _____

> Did ＋ 주어 ＋ 동사원형 ~?

보기 6~10

a special talk

a message

foolish things

your passport

his word

6 너는 너의 여권을 깜빡했니? (forget)

→ _____

7 그녀가 메시지를 하나 남겼나요? (leave)

→ _____

8 새 대통령은 특별 연설을 했나요? (the new president, give)

→ _____

9 그들은 어리석은 말을 했나요? (say)

→ _____

10 Brown 씨는 약속을 지켰나요? (Mr. Brown, keep)

→ _____

A 우리말에 알맞게 퍼즐과 문장을 완성하세요.

```
                          [4] r [ ] [ ]    [8] a [ ]
    [1] t [ ] [7] l [ ]                [5] s [ ] [ ]
           [6] w
    [2] r [ ] [ ] [ ] [ ] [ ] [ ]
    [3] a [ ]
```

Across →

1 The man _____ the truth to the police officer. 그 남자는 경찰관에게 진실을 말했다.

2 The boy _____ his mother's phone number. 그 소년은 어머니의 전화번호를 기억해냈다.

3 The children _____ a lot of pizza. 그 아이들은 많은 피자를 먹었다.

4 A girl _____ a book under the tree. 한 소녀가 나무 아래서 책을 읽었다.

5 An old woman _____ a bird singing. 한 나이든 여성이 새 한 마리가 노래하는 것을 보았다.

Down ↓

6 The boy _____ to school. 그 소년은 학교에 갔다.

7 She _____ the hat. 그녀는 그 모자를 좋아했다.

8 Tom _____ the phone. Tom은 전화를 받았다.

B 각 도형에서 우리말에 알맞은 단어를 하나씩 골라 문장을 완성하세요. (중복 사용 가능)

| last night tonight in the morning yesterday | did was do are | no not | they the baby the boy we | study hard sad cry sleep well |

1

_____

그 아기는 지난밤에 울지 않았다.

2

_____

그들은 어제 열심히 공부했나요?

Chapter

3

진행 시제

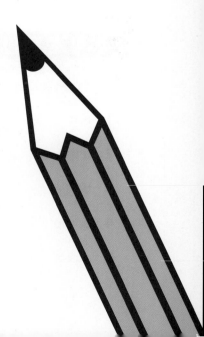

Unit 01 동사의 진행형

당시에 일어나고 있는 상황을 생생하게 표현하기 위한 동사의 진행형!
동사의 진행형: 동사원형 + -ing

We dance. → We are [dancing].
우리는 / 춤춘다   우리는 / 춤추고 있다

We danced. → We were [dancing].
우리는 / 춤췄다   우리는 / 춤추고 있었다

 궁금해요!
모든 동사를 진행형으로 쓸 수 있나요?
→ 아니요! 상태, 소유, 감정을 나타내는 동사는 일반적으로 진행형으로 쓰지 않아요. (like, love, hate, want, know 등)
예) I know him. (O) 나는 그를 알아.
    I am knowing him. (X)

진행 시제

현재진행	am/are/is + V-ing	~하고 있다, ~하고 있는 중이다
과거진행	was/were + V-ing	~하고 있었다, ~하고 있는 중이었다

※ 진행 시제는 특정한 시점에서 진행 중인 일을 나타낼 때 사용한다.

동사의 −ing형 만들기

대부분의 동사	+ -ing	go – going	play – playing	stand – standing
-e로 끝나는 동사	e를 없애고 + -ing	move – moving	come – coming	write – writing
단모음 + 단자음	마지막 자음 추가 + -ing	put – putting	sit – sitting	stop – stopping
-e로 끝나는 동사	ie를 y로 고치고 + -ing	die – dying	lie – lying	tie – tying

Answers p.07

 기.초.탄.탄

A 주어진 동사의 -ing형을 쓰세요.

1 eat   – _____

2 ask   – _____

3 begin – _____

4 come – _____

5 cross – _____

6 die   – _____

7 cry   – _____

8 stand – _____

9 stop   – _____

10 continue – _____

A 보기에 주어진 단어를 이용하여 문장을 완성하세요.

1 He is _____ out the window.

그는 / 보고 있다 / 창문 밖을

2 We are _____ a house.

우리는 / 짓고 있다 / 집을

3 The boys are _____ on the floor.

그 소년들은 / 점프하고 있다 / 바닥에서

4 The flowers are _____ very fast.

그 꽃들은 / 자라고 있다 / 매우 빠르게

5 The baby is _____ now.

그 아기는 / 꿈꾸고 있다 / 지금

보기
build
look
dream
jump
grow

B 주어진 단어를 이용하여 문장을 완성하세요.

1 I am _____ my diary. (write)

나는 나의 일기를 쓰고 있다.

2 Kate is _____ in the pool. (swim)

Kate는 수영장에서 수영하고 있다.

3 The president is _____ the ribbon. (cut)

대통령은 그 리본을 자르고 있다.

4 My grandmother is _____ some cookies. (make)

나의 할머니는 약간의 쿠키를 만들고 있다.

5 The student is _____ now. (lie)

그 학생은 지금 거짓말을 하고 있다.

★ 어휘 탄탄 ★

p _____

p _____

r _____

A 밑줄 친 단어를 진행 시제로 바꿔 문장을 다시 쓰세요.

> **Susan cooks dinner.** Susan은 저녁 식사를 요리한다.
> → **Susan is cooking dinner.** Susan은 저녁 식사를 요리하고 있다.

1 She studies English. 그녀는 영어를 공부한다.

→ She _____ English. 그녀는 영어를 공부하고 있다.

c ....

2 Kevin climbs the mountain. Kevin은 산에 오른다.

→ Kevin _____ the mountain. Kevin은 산에 오르고 있다.

3 We jog in the park. 우리는 공원에서 조깅을 한다.

→ We _____ in the park. 우리는 공원에서 조깅을 하고 있다.

t ....

4 Jessie plays table tennis. Jessie는 탁구를 친다.

→ Jessie _____ table tennis. Jessie는 탁구를 치고 있다.

5 The police officers move together. 경찰관들은 함께 움직인다.

→ The police officers _____ together. 경찰관들은 함께 움직이고 있다.

t ....

B 주어진 단어를 알맞게 배열하세요.

1 나는 지금 그녀와 얘기하고 있다. (am talking, to her, I, now)

→ _____

2 그는 망치로 벽을 때리고 있다. (is hitting, with a hammer, he, the wall)

→ _____

h ....

3 몇몇의 관광객이 우리 마을을 방문하고 있다. (are visiting, my town, tourists, some)

→ _____

4 그 신사는 자신의 신발끈을 매고 있다. (is tying, the gentleman, his shoes)

→ _____

t ....

5 그 승객들은 줄을 서고 있다. (are standing, in line, the passengers)

→ _____

t ....

A 밑줄 친 부분에 유의하여 주어진 문장을 진행 시제로 바꾸세요.

be동사	+	동사원형 -ing

★ 어휘 탄탄 ★

1 She <u>returns</u> the book. 그녀는 그 책을 반납한다.

→ _____

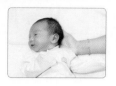

b ....

2 The baby <u>sleeps</u> quietly. 그 아기는 조용히 잔다.

→ _____

s ....

3 I <u>play</u> the violin. 나는 바이올린을 연주한다.

→ _____

v ....

4 Girls <u>water</u> the roses. 소녀들은 그 장미들에 물을 준다.

→ _____

5 My mother <u>wakes</u> me up. 나의 어머니는 나를 깨우신다.

→ _____

6 He <u>rides</u> a horse. 그는 말을 탄다.

→ _____

h ....

7 She <u>teaches</u> kids in school. 그녀는 학교에서 아이들을 가르친다.

→ _____

u ....

8 Tom <u>takes</u> my umbrella. Tom은 나의 우산을 가져간다.

→ _____

9 Cindy and Jill <u>wear</u> blue skirts. Cindy와 Jill은 파란색 치마를 입는다.

→ _____

p ....

10 These plants <u>die</u> quickly. 이 식물들은 빨리 죽는다.

→ _____

Unit 02 현재진행

현재 진행되고 있는 동작의 표현을 나타내는 현재진행!

현재진행: be동사 현재형 + V-ing

He listens to music. → He [is listening] to music.

그는 / 듣는다 / 음악을   그는 / 듣고 있다 / 음악을

현재진행의 기본 구문

I	am		
he / she / it	is	+ 동사원형-ing	~하고 있다 / 있는 중이다
you / we / they	are		

※ 현재진행은 현재 시점에서 진행되고 있는 동작을 표현한다.

Answers p.58

 기.초.탄.탄

A 다음 중 알맞은 것을 고르세요.

1 He (am / are / is) <u>smiling</u> now.
그는 / 웃고 있다 / 지금

2 I (am / are / is) <u>running</u> to my mother.
나는 / 뛰어 가고 있다 / 나의 어머니에게

3 My grandfather (am / are / is) <u>painting</u> the wall now.
나의 할아버지는 / 칠하고 있다 / 벽을 / 지금

4 The soldiers (am / are / is) <u>wearing</u> caps.
그 군인들은 / 쓰고 있다 / 모자를

5 You (am / are / is) <u>driving</u> a car.
너는 / 운전하고 있다 / 자동차를

A 주어진 단어를 이용하여 문장을 완성하세요.

1 She is _____ her bag now.

그녀는 / 싸고 있다 / 자신의 가방을 / 지금

2 They are _____ vegetables at the market.

그들은 / 팔고 있다 / 채소를 / 시장에서

3 Snow is _____ from the sky.

눈이 / 내리고 있다 / 하늘에서

4 My husband and I are _____ in the moonlight.

나의 남편과 나는 / 춤을 추고 있다 / 달빛 아래서

5 I am _____ all around the world.

나는 / 여행하고 있다 / 전 세계를

보기
pack
fall
travel
sell
dance

B 주어진 단어를 이용하여 문장을 완성하세요.

1 The children _____ _____ the colored paper. (cut)

그 아이들은 색종이를 자르고 있다.

2 Joy _____ _____ her hair back. (tie)

Joy는 자신의 머리를 뒤로 묶고 있다.

3 The airplane _____ _____ at the airport. (arrive)

그 비행기가 공항에 도착하고 있다.

4 My friend and I _____ _____ on the sofa. (sit)

나의 친구와 나는 소파에 앉아 있다.

5 I _____ _____ home now. (leave)

나는 지금 집을 떠나고 있다.

★ 어휘 탄탄 ★

c _____

a _____

s _____

A 주어진 문장을 현재진행 시제로 바꾸세요.

> **The kitten sleeps alone.** 그 새끼고양이는 혼자서 잔다.
> → **The kitten is sleeping alone.** 그 새끼고양이는 혼자서 자고 있다.

1 The dogs <u>fight</u> with each other. 그 개들은 서로 싸운다.

→ _____

2 The farmer <u>feeds</u> his pigs. 그 농부는 그의 돼지들에게 먹이를 준다.

→ _____

3 A kite <u>flies</u> in the sky. 연 하나가 하늘을 난다.

→ _____

4 The baseball player <u>hits</u> the ball. 그 야구 선수는 공을 친다.

→ _____

5 The workers <u>rest</u> on the bench. 그 작업자들은 벤치에서 쉰다.

→ _____

B 주어진 단어를 알맞게 배열하세요.

1 그는 지금 연설을 하고 있다. (is, he, giving a talk, now)

→ _____

2 나는 키위 주스를 마시고 있다. (am, I, kiwi juice, drinking)

→ _____

3 우리는 지금 마술을 배우고 있다. (are, we, magic tricks, now, learning)

→ _____

4 그녀는 병원에서 아픈 사람들을 돕고 있다. (is, in the hospital, sick people, she, helping)

→ _____

5 그들은 비싼 장난감들을 사고 있다. (are, they, toys, buying, expensive)

→ _____

f

k

r

k

h

e

영.작.탄.탄

A 주어진 단어를 이용하여 문장을 완성하세요.

| am / is | **+** | 동사원형-ing |

보기 1~5

in the sea

his chickens

hands

the kitchen

his uniform

1 나는 바다에서 수영하고 있다. (swim)

→ _____

2 그녀는 주방을 청소하고 있다. (clean)

→ _____

3 그 농부는 자신의 닭의 수를 세고 있다. (the farmer, count)

→ _____

4 그 주자는 자신의 유니폼을 갈아입고 있다. (the runner, change)

→ _____

5 그는 Lucy와 악수하고 있다. (shake, with Lucy)

→ _____

| are | **+** | 동사원형-ing |

보기 6~10

English

a bus

chocolate cookies

together

to the market

6 우리는 시장에 가고 있다. (go)

→ _____

7 그들은 영어를 공부하고 있다. (study)

→ _____

8 그 학생들은 버스에 타고 있다. (the students, ride)

→ _____

9 그 선생님들은 함께 노래하고 있다. (the teachers, sing)

→ _____

10 너는 초콜릿 쿠키를 만들고 있다. (make)

→ _____

Unit 03 과거진행

과거에 진행되고 있었던 상황을 설명하는 과거진행!

과거진행: be동사 과거형 + 동사원형-ing

We rode the slide. → We **were riding** the slide.

우리는 / 탔다 / 그 미끄럼틀을   우리는 / 타고 있었다 / 그 미끄럼틀을

과거진행의 기본 구문

I / he / she / it	was		
you / we / they	were	+ 동사원형-ing	~하고 있었다 / 있는 중이었다

※ 과거진행은 과거의 한 시점에서 진행되고 있는 동작을 표현한다.

Answers p.08

기.초.탄.탄

A 다음 중 알맞은 말을 고르세요.

1 I (was / were) <u>playing</u> hide-and-seek at 7.

나는 / 하고 있었다 / 숨바꼭질을 / 일곱 시에

2 The airplanes (was / were) <u>falling</u> down.

그 비행기들은 / 떨어지고 있었다 / 아래로

3 The cat (was / were) <u>catching</u> a fly a minute ago.

그 고양이는 / 잡고 있었다 / 파리 한 마리를 / 1분 전에

4 Tim and I (was / were) <u>borrowing</u> books.

Tim과 나는 / 빌리고 있었다 / 책을

5 The pilot (was / were) <u>calling</u> the crew members.

그 비행기 조종사는 / 부르고 있었다 / 승무원들을

기.본.탄.탄

A 우리말에 맞게 문장을 완성하세요.

1 My sister and I _____ eating the cake then.

나의 언니와 나는 / 먹고 있었다 / 그 케이크를 / 그때

2 A strong storm _____ coming to the town.

강한 폭풍이 / 오고 있었다 / 그 마을에

s ....

3 The children _____ running to the house.

그 아이들은 / 달리고 있었다 / 그 집으로

4 The lawyer _____ taking his briefcase.

그 변호사는 / 가져가고 있었다 / 그의 서류가방을

l ....

5 My parents _____ celebrating their wedding anniversary.

나의 부모님은 / 축하하고 계셨다 / 자신들의 결혼 기념일을

b ....

B 주어진 단어를 이용하여 문장을 완성하세요.

1 The cook _____ _____ some bread then. (bake)

그때 그 요리사는 빵을 굽고 있었다.

b ....

2 She _____ _____ the babies at 2. (feed)

그녀는 두 시에 그 아기들에게 음식을 먹이고 있었다.

3 The bees _____ _____ around the flowers. (fly)

그 벌들은 그 꽃들 주위를 날고 있었다.

s ....

4 Jim _____ _____ at his mom at that time. (smile)

Jim은 그 당시에 엄마에게 미소 짓고 있었다.

5 The reporters _____ _____ in front of the building. (stand)

그 기자들은 그 건물 앞에 서 있었다.

r ....

A 주어진 문장을 과거진행 시제로 바꾸세요.

> **The balloons flew in the sky.** 그 풍선들은 하늘을 날았다.
> → **The balloons were flying in the sky.**

1 He took the exam. 그는 그 시험에 응시했다.

→ _____

2 The musicians practiced on the stage. 그 음악가들은 무대에서 연습했다.

→ _____

3 The singer cried at her concert. 그 가수는 자신의 콘서트에서 울었다.

→ _____

4 All my cousins came to my party. 나의 모든 사촌들이 나의 파티에 왔다.

→ _____

5 The driver drove the bus very fast. 그 운전사가 버스를 매우 빠르게 운전했다.

→ _____

b
....

m
....

s
....

B 주어진 단어를 알맞게 배열하세요.

1 그는 5분 전에 그 게임을 이기고 있었다. (5 minutes ago, was, he, the game, winning)

→ _____

2 한 거미가 벽을 오르고 있었다. (was, the wall, a spider, climbing)

→ _____

3 그들은 체육관에서 운동하고 있었다. (were, exercising, in the gym, they)

→ _____

4 나의 남편은 그때 싱크대를 고치고 있었다. (was, the sink, my husband, fixing, then)

→ _____

5 나의 조카들은 만화책을 읽고 있었다. (were, the comic books, my nephews, reading)

→ _____

s
....

g
....

s
....

A 주어진 단어를 이용하여 문장을 완성하세요.

| was | + | 동사원형-ing |

보기 1~5

all day long

some coffee

around the tree

a thank-you card

a square

1 나는 감사 카드를 쓰고 있었다. (write)

→ _____

2 그는 하루 종일 벽을 쌓고 있었다. (build, a wall)

→ _____

3 그녀는 커피를 만들고 있었다. (make)

→ _____

4 그 선생님은 칠판에 정사각형을 그리고 있었다. (draw, on the board)

→ _____

5 그것은 그 나무 주변을 돌고 있었다. (move)

→ _____

| were | + | 동사원형-ing |

보기 6~10

the desert

their homework

the sunlight

on their eggs

boots

6 그들은 시장에서 부츠를 팔고 있었다. (sell, at the market)

→ _____

7 그 낙타들은 사막을 건너고 있었다. (the camels, cross)

→ _____

8 나의 학생들은 자신의 숙제를 하고 있었다. (do)

→ _____

9 그 펭귄들은 자신들의 알 위에 앉아 있었다. (the penguins, sit)

→ _____

10 우리들은 정오에 햇볕을 즐기고 있었다. (enjoy, at noon)

→ _____

Unit 04 진행형의 부정문과 의문문

진행형의 부정문(~하고 있지 않다): **be동사 + not + 동사원형-ing**

진행형의 의문문(~하고 있나요?): **Be동사 + 주어 + 동사원형-ing ~?**

She is playing **the piano.** → **She** is :not: playing **the piano.** [부정문]

그녀는 / 치고 있다 / 피아노를　　　　　　그녀는 / 치고 있지 않다[않았다] / 피아노를

He was catching **a butterfly.** → :Was: he catching **a butterfly?** [의문문]

그는 / 잡고 있었다 / 나비를　　　　　　잡고 있었나요 / 그는 / 나비를

진행형의 부정문

현재진행형	am are is	+ not	+ 동사원형-ing	~하고 있지 않다
과거진행형	was were			~하고 있지 않았다

진행형의 의문문

현재진행형	Am Are Is	+ 주어	+ 동사원형-ing	~하고 있나요?	Yes, 주어 + am/are/is. No, 주어 + am/are/is + not.
과거진행형	Was Were			~하고 있었나요?	Yes, 주어 + was/were. No, 주어 + was/were + not.

Answers p.09

 기.초.탄.탄

A 다음 중 알맞은 것을 고르세요.

1 He (isn't / wasn't) wearing a mask then.

그는 / 쓰고 있지 않았다 / 마스크를 / 그때

2 I (am not / wasn't) singing the song now.

나는 / 노래하고 있지 않다 / 그 노래를 / 지금

3 The old lady (isn't / wasn't) lying on the bed now.

그 노부인은 / 누워 있지 않다 / 그 침대에 / 지금

4 We (aren't / weren't) using our cellphones an hour ago.

우리는 / 사용하고 있지 않았다 / 전화를 / 한 시간 전에

5 My friends (aren't / weren't) swimming at this moment.

나의 친구들은 / 수영을 하고 있지 않다 / 지금 이 순간

기.본.탄.탄

A 우리말에 맞게 주어진 단어를 이용하여 문장을 완성하세요. (단, 축약형은 쓰지 마세요.)

1 I _____ my homework. (do)

나는 / 하고 있지 않다 / 나의 숙제를

2 My parents _____ pizza. (make)

나의 부모님들은 / 만들고 있지 않다 / 피자를

h _____

3 The child _____ to me. (listen)

그 아이는 / 듣지 않고 있다 / 내 말을

4 She _____ him at that time. (meet)

그녀는 / 만나고 있지 않았다 / 그를 / 그 시간에

p _____

5 Tom and Sally _____ the car. (wash)

Tom과 Sally는 / 세차하고 있지 않았다 / 그 차를

l _____

B 우리말에 맞게 주어진 단어를 이용하여 문장을 완성하세요.

1 _____ your flower _____ now? (die)

당신의 꽃이 지금 죽어가고 있나요?

2 _____ I _____ this word correctly? (write)

제가 이 단어를 바르게 쓰고 있나요?

w _____

3 _____ you _____ the phone? (answer)

당신은 전화를 받고 있나요?

4 _____ Peter _____ a shower? (take)

Peter는 샤워를 하고 있었나요?

s _____

5 _____ the kids _____ the movie? (watch)

그 아이들은 그 영화를 보고 있었나요?

m _____

A 주어진 문장을 부정문과 의문문으로 바꾸세요. (단, 축약형을 사용하지 마세요.)

> **The dogs are taking a walk.** 그 개들은 산책하고 있다.
> → **The dogs are not taking a walk.** (부정문)
> → **Are the dogs taking a walk?** (의문문)

h ....

1 They were staying at the hotel. 그들은 그 호텔에 머물고 있었다.

→ _____ (부정문)

→ _____ (의문문)

k ....

2 He was looking for his key. 그는 자신의 열쇠를 찾고 있었다.

→ _____ (부정문)

→ _____ (의문문)

g ....

3 The passenger is standing in front of the gate. 그 승객은 출구 앞에서 서 있다.

→ _____ (부정문)

→ _____ (의문문)

B 주어진 단어를 알맞게 배열하세요.

1 그는 그 당시에 낮잠을 자고 있었나요? (was, he, at that time, taking a nap)

→ _____

n ....

2 Sue와 Mary는 자전거를 타고 있었나요? (were, bikes, Sue and Mary, riding)

→ _____

3 그들은 같은 노래를 반복하고 있나요? (are, the same song, they, repeating)

→ _____

b ....

4 그는 전화 통화를 하고 있지 않다. (is, on the phone, he, talking, not)

→ _____

5 나는 공원에서 조깅하고 있지 않다. (am, I, in the park, jogging, not)

→ _____

j ....

영.작.탄.탄

A 주어진 단어를 이용하여 문장을 완성하세요. (단, 축약형은 쓰지 마세요.)

| be동사 | + | not | + | 동사원형-ing |

1 나는 도서관에 가고 있지 않다. (go to the library)

→ _____

l ....

2 그는 자신의 어머니를 돕고 있지 않다. (help his mother)

→ _____

3 우리는 문을 칠하고 있지 않다. (paint the door)

→ _____

p ....

4 그들은 그때 영어를 공부하고 있지 않았다. (study English, then)

→ _____

5 그녀는 기타를 연주하고 있지 않았다. (play the guitar)

→ _____

g ....

| Be동사 | + | 주어 | + | 동사원형-ing | ~? |

6 그 아이들은 자고 있나요? (the children, sleep)

→ _____

f ....

7 제가 너무 빨리 말하고 있나요? (speak too fast)

→ _____

8 Matt는 그 차를 고치고 있나요? (fix the car)

→ _____

w ....

9 그들은 손을 씻고 있었나요? (wash their hands)

→ _____

10 Fred는 2시간 전에 제 컴퓨터를 쓰고 있었나요? (use my computer, two hours ago)

→ _____

h ....

A 퍼즐에 숨겨진 단어를 찾아 문장을 완성하세요.

1 We are _____ on a picnic. (go)

2 He is _____ on the sofa. (lie)

3 I was _____ my homework. (do)

4 They were _____ back home. (come)

5 The boys are _____ apples. (eat)

6 Birds were _____ in the sky. (fly)

H	F	F	Q	R	C	E	E
D	R	I	L	Y	O	Q	A
T	O	S	U	Y	M	R	T
H	D	I	Y	G	I	R	I
G	O	I	N	G	N	N	N
I	I	I	C	G	G	H	G
R	Y	C	O	U	R	M	V
L	M	R	P	U	Z	C	R

B 미로에서 숨겨진 단어를 찾아 문장을 완성하세요.

1 The girl is _____ her shoes. (tie)

2 Mark and James are _____ the door. (push)

3 The baker is _____ the cake with a knife. (cut)

4 She is _____ a car very carefully. (drive)

5 He is _____ a letter. (write)

→

A	D	T	Y	I	N	G
U	T	T	I	N	G	P
C	Z	W	R	I	N	U
G	G	O	X	T	G	S
N	N	G	N	I	V	H
I	I	V	I	R	D	I
T	U	C	G	R	G	N

Chapter

4

미래 시제

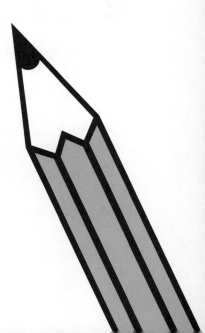

Unit 01

미래 시제 (will / be going to)

미래를 말할 때 사용하는 표현 will과 be going to
will + 동사원형 / be(am/are/is) going to + 동사원형

will + 동사원형	1. 의지/순간적 결정: ~하겠다, ~할 것이다 2. 미래/예정: ~일 것이다 (= be going to) 　「주어 + will」은 「주어 + 'll」로 축약이 가능하다. (예: I will = I'll)

I miss you. → **I** *will* **miss you.**

나는 / 그리워한다 / 너를　　　　나는 / 그리워할 것이다 / 너를

It is hot. → **It** *will* **be hot.**

(날씨가) 이다 / 더운　　　　(날씨가) / 일 것이다 / 더운

be going to + 동사원형	1. 계획된 일정: ~할 예정이다 2. 미래/예정: ~일 것이다 (= will)

They watch the movie. → **They** *are going to* **watch the movie.**

그들은 / 본다 / 그 영화를　　　　그들은 / 볼 예정이다 / 그 영화를

She will move to France. → **She** *is going to* **move to France.**

그녀는 / 이사 갈 것이다 / 프랑스로　　　　그녀는 / 이사 갈 것이다 / 프랑스로

Answers p.10

 기.초.탄.탄

A 다음 중 알맞은 것을 고르세요.

1 I (am / are / is) going to come back soon.

나는 / 돌아올 것이다 / 곧

2 She (am / are / is) going to visit her parents this week.

그녀는 / 방문할 것이다 / 그녀의 부모님을 / 이번 주에

3 My father (will fix / will fixes) the fan.

나의 아버지는 / 고치실 것이다 / 그 선풍기를

4 You (will be / will am) a doctor.

너는 / 될 것이다 / 의사가

5 Brenda and her son are going to (call / calling) the police.

Brenda와 그녀의 아들은 / 부를 것이다 / 경찰을

A 우리말에 맞게 보기에 주어진 단어를 이용하여 문장을 완성하세요.

보기
eat
learn
go
lock
arrive

1 I _____ _____ the door.

나는 / 잠글 것이다 / 그 문을

2 We _____ _____ to the theater.

우리는 / 갈 것이다 / 그 극장에

3 You _____ _____ only vegetables.

너는 / 먹을 것이다 / 오직 채소들만

4 They _____ _____ here by 5 o'clock.

그들은 / 도착할 것이다 / 여기에 / 5시 정각까지

5 He _____ _____ a new song.

그는 / 배울 것이다 / 새 노래를

B 우리말에 맞게 보기에 주어진 단어를 이용하여 문장을 완성하세요.

보기
go
watch
study
meet
be

1 She _____ _____ _____ _____ the nurse.

그녀는 그 간호사를 만날 것이다.

2 I _____ _____ _____ _____ a magic show this afternoon. 나는 오늘 오후 마술쇼를 볼 것이다.

3 He _____ _____ _____ _____ hiking next Sunday.

그는 다음 주 일요일에 하이킹을 갈 것이다.

4 They _____ _____ _____ _____ famous actresses.

그들은 유명한 여배우들이 될 것이다.

5 You _____ _____ _____ _____ English hard.

너는 영어를 열심히 공부할 것이다.

A 주어진 단어를 이용하여 문장을 완성하세요.

> Hint
>
> **I read many books.** 나는 많은 책을 읽는다.
>
> → I will read many books. (will)
>
> → I am going to read many books. (be going to)

1 He is late for school. 그는 학교에 늦었다.

→ He _____ late for school. (will)

2 She saves some money. 그녀는 약간의 돈을 모은다.

→ She _____ some money. (be going to)

3 My niece lives in Germany. 나의 여자조카는 독일에 산다.

→ My niece _____ in Germany. (will)

4 We wait for the passengers. 우리는 승객들을 기다린다.

→ We _____ for the passengers. (be going to)

5 I drink a lot of water. 나는 많은 물을 마신다.

→ I _____ a lot of water. (be going to)

B 주어진 단어를 알맞게 배열하세요.

1 나는 그녀에게 말할 것이다. (talk, to her, I, will)

→ _____

2 Jack은 그녀와 곧 결혼할 것이다. (marry, will, her, soon, Jack)

→ _____

3 그들은 집에 늦게 올 것이다. (come home, are going to, they, late)

→ _____

4 우리는 비디오 게임을 할 것이다. (play, tonight, will, the video game, we)

→ _____

5 내일 눈이 내릴 것이다. (snow, it, is going to, tomorrow)

→ _____

s ....

G ....

p ....

t ....

m ....

v ....

74

A 주어진 단어를 이용하여 문장을 완성하세요.

| will | + | 동사원형 |

1 나는 그의 집을 방문할 것이다. (visit)

→ _____

2 너는 내일 그 남자를 볼 것이다. (see, tomorrow)

→ _____

3 그녀는 나중에 너에게 전화할 것이다. (call, later)

→ _____

4 그들은 5분 후에 거기에 도착할 것이다. (be, there)

→ _____

5 그 버스는 곧 출발할 것이다. (leave)

→ _____

| be going to | + | 동사원형 |

6 David는 나의 요리를 맛볼 것이다. (taste)

→ _____

7 나는 오늘 밤에 바이올린을 연주할 것이다. (play, tonight)

→ _____

8 우리는 설거지를 할 것이다. (wash)

→ _____

9 그는 내년에 과학을 가르칠 것이다. (teach, next year)

→ _____

10 그들은 그 새 노래를 들을 것이다. (listen to)

→ _____

Unit 02 미래 시제의 부정문

will의 부정문: will not[won't] + 동사원형
be going to의 부정문: be동사 + not + going to + 동사원형

will not[won't] + 동사원형	~하지 않을 것이다

My mother will :not: be busy tomorrow.

나의 어머니는 / 않을 것이다 / 바쁘시지 / 내일

be동사 + not + going to + 동사원형	~하지 않을 것이다

He is :not: going to come home today.

그는 / 오지 않을 것이다 / 집에 / 오늘

Answers p.11

기.초.탄.탄

A 다음 중 알맞은 말을 고르세요.

1 She (will not / not will) change her work schedule.

그녀는 / 바꾸지 않을 것이다 / 자신의 업무 스케줄을

2 Peter (not is going / is not going) to go on a picnic today.

Peter는 / 가지 않을 것이다 / 소풍을 / 오늘

3 They (not going / are not going) to climb the mountain.

그들은 / 오르지 않을 것이다 / 산에

4 I (am not going / am going not) to join the dance club.

나는 / 가입하지 않을 것이다 / 그 댄스 동아리에

5 It (will take not / will not take) very long.

(시간이) / 걸리지 않을 것이다 / 매우 오래

A 우리말에 맞게 주어진 단어를 이용하여 문장을 완성하세요.

1 Minsu _____ _____ _____ a picture.

민수는 / 그리지 않을 것이다 / 그림을

2 I _____ _____ _____ a lie.

나는 / 말하지 않을 것이다 / 거짓말을

3 You _____ _____ _____ the game.

너는 / 지지 않을 것이다 / 경기에서

4 They _____ _____ _____ bad words from now on.

그들은 / 사용하지 않을 것이다 / 나쁜 말을 / 지금부터

5 We _____ _____ _____ horses.

우리는 / 타지 않을 것이다 / 말을

B 우리말에 맞게 be going to와 주어진 단어를 이용하여 문장을 완성하세요.

1 She _____ her grandfather.

그녀는 할아버지댁을 방문하지 않을 것이다.

2 My cousins _____ baseball.

나의 사촌들은 야구를 하지 않을 것이다.

3 I _____ the window.

나는 창문을 열지 않을 것이다.

4 Gary _____ a new car.

Gary는 새 자동차를 사지 않을 것이다.

5 You and your brother _____ a movie tonight.

너와 너의 남동생은 오늘 밤 영화를 보지 않을 것이다.

A 주어진 문장을 미래 시제의 부정문으로 바꾸세요. (단, 축약형으로 쓰세요.) *Hint*

> **He sleeps for a long time.** 그는 오랫동안 잠을 잔다.
> → **He won't sleep for a long time.**

1 I am late for school. 나는 학교에 늦었다.

→ _____

2 She spends a lot of money. 그녀는 많은 돈을 쓴다.

→ _____

3 He dances with her. 그는 그녀와 춤을 춘다.

→ _____

4 They drink milk every day. 그들은 우유를 매일 마신다.

→ _____

5 You go shopping on Saturdays. 너는 토요일마다 쇼핑을 간다.

→ _____

B 주어진 단어를 알맞게 배열하세요.

1 우리는 수학을 공부하지 않을 것이다. (are, we, going to, not, math, study)

→ _____

2 나는 생선을 먹지 않을 것이다. (not, eat, going to, I, fish, am)

→ _____

3 Jim은 한국에 오지 않을 것이다. (is, to Korea, come, going to, Jim, not)

→ _____

4 그들은 교실을 청소하지 않을 것이다. (going to, the classroom, not, are, clean, they)

→ _____

5 그 의사는 그에게 전화하지 않을 것이다. (not, the doctor, is, going to, him, call)

→ _____

★ 어휘 탄탄 ★

l

d

s

m

c

c

A 주어진 단어를 이용하여 문장을 완성하세요.

will	+	not

보기 1~5

the cello

TV

science

the dress

the music class

1 그는 과학을 가르치지 않을 것이다. (teach)

→ _____

2 David는 TV를 보지 않을 것이다. (watch)

→ _____

3 우리는 그 음악 수업을 듣지 않을 것이다. (take)

→ _____

4 나는 그 드레스를 입지 않을 것이다. (wear)

→ _____

5 그녀는 첼로를 연주하지 않을 것이다. (play)

→ _____

be	+	not	+	going to

보기 6~10

next week

tonight

early

on time

to church tomorrow

6 그들은 오늘 밤에 잠을 자지 않을 것이다. (sleep)

→ _____

7 Mark는 내일 교회에 가지 않을 것이다. (go)

→ _____

8 나는 일찍 도착하지 않을 것이다. (arrive)

→ _____

9 내 이웃들은 다음 주에 이사 가지 않을 것이다. (neighbors, move)

→ _____

10 그 콘서트는 제시간에 시작하지 않을 것이다. (the concert, start)

→ _____

미래 시제의 의문문

will의 의문문: Will + 주어 + 동사원형 ~?
be going to의 의문문: Be동사 + 주어 + going to + 동사원형 ~?

Will + 주어 + 동사원형 ~?	~할 것인가요? ~할 거니?

A: **Will** you come **tomorrow?** 너는 올 거니 / 내일

B: **Yes, I will. / No, I will not[won't].** 응, 그럴 거야. / 아니, 안 그럴 거야.

Be동사 + 주어 + going to + 동사원형 ~?	~할 것인가요? ~할 거니?

A: **Are** you **going to** buy **this toy?** 너는 살 거니 / 이 장난감을

B: **Yes, I am. / No, I am not.** 응, 그럴 거야. / 아니, 안 그럴 거야.

> 궁금해요! "Will you + 동사원형 ~?"은 다른 의미가 있나요?
> → '~해 줄래요?'라는 부탁의 의미를 나타낼 수 있어요.
> 예) Will you close the door?
> 문을 닫아 주겠니?

Answers p.11

기.초.탄.탄

A 다음 중 알맞은 것을 고르세요.

1 (Will you study / Will study you) at the library today? 너는 공부할 거니 / 도서관에서 / 오늘

2 (Are you go / Are you going) to sing at the party? 너는 노래할 거니 / 파티에서

3 (Is it / Will it) going to rain tomorrow? 비가 올까요 / 내일

4 (Will Jane go / Will Jane going) to church this Sunday? Jane은 갈 것인가요 / 교회에 / 이번 주 일요일에

5 Am I (going / going to) pass the test? 내가 통과할 건가요 / 그 시험을

기.본.탄.탄

A 주어진 단어를 이용하여 문장을 완성하세요.

보기
be
join
borrow
stay
take

1 _____ they _____ at your home?

그들은 머물 것인가요 / 당신의 집에서

2 _____ he _____ a taxi?

그는 탈 것인가요 / 택시를

3 _____ Tom _____ the club?

Tom은 가입할 것인가요 / 그 동아리에

4 _____ you _____ money from your friends?

너는 빌릴 거니 / 돈을 / 너의 친구들에게

5 _____ I _____ okay in middle school?

내가 괜찮을까 / 중학교에서

B 주어진 단어를 이용하여 문장을 완성하세요.

보기
play
come
do
go
be

1 _____ he _____ _____ _____ to the store?

그는 그 가게에 갈 것인가요?

2 _____ I _____ _____ _____ bored?

내가 지루해질까?

3 _____ they _____ _____ _____ basketball after

school? 방과 후에 그들은 농구를 할 것인가요?

4 _____ she _____ _____ _____ back to Korea?

그녀가 한국으로 다시 돌아올까요?

5 _____ you _____ _____ _____ your homework

after dinner? 저녁 식사 후에 너는 숙제를 할 거니?

A 주어진 문장을 의문문으로 바꾸세요. ^{Hint}

> **You are going to take a walk.** 너는 산책을 할 거야.
> → **Are you going to take a walk?** 너는 산책을 할 거니?

1 Jane is going to make a pretty bag. Jane은 예쁜 가방을 하나 만들 거야.

→ _____

2 They are going to sell their old coins. 그들은 그들의 오래된 동전들을 팔 거야.

→ _____

3 We are going to paint the walls. 우리는 벽을 칠할 거야.

→ _____

4 He is going to learn the violin from his uncle. 그는 삼촌에게 바이올린을 배울 거야.

→ _____

5 I am going to win the game. 나는 게임에서 이길 거야.

→ _____

B 주어진 단어를 알맞게 배열하세요.

1 그 상자들을 옮겨 줄래요? (move, you, the boxes, will)

→ _____

2 Tom은 욕실을 청소할 거니? (clean, will, the bathroom, Tom)

→ _____

3 그들이 집에 늦게 올 거니? (come, home late, will, they)

→ _____

4 그녀는 그 빨간색 드레스를 살 것인가요? (she, buy, the red dress, will)

→ _____

5 그 학생들이 애완동물을 데리고 올 것인가요? (will, their pets, the students, bring)

→ _____

★ 어휘 탄탄 ★

c _____

p _____

w _____

b _____

d _____

p _____

영.작.탄.탄

A 주어진 단어를 이용하여 문장을 완성하세요.

Will + 주어 + 동사원형 ~?

보기 1~5

beautiful in these dresses

him to dinner

the dishes

the grass in his garden

her boyfriend

1 그들은 그를 저녁 식사에 초대할 거니? (invite)

→ _____

2 설거지를 해 주겠니? (wash)

→ _____

3 Jenny가 남자친구와 결혼할 것인가요? (marry)

→ _____

4 Howard는 정원 잔디를 깎을 것인가요? (cut)

→ _____

5 우리가 이 드레스들을 입으면 아름다워 보일까? (look)

→ _____

Be동사 + 주어 + going to + 동사원형 ~?

보기 6~10

a lot of friends

soon

playing the cello

stories for children

him this evening

6 Thomas는 곧 잘 것인가요? (sleep)

→ _____

7 그 음악가들은 첼로 연주를 중단할 것인가요? (the musicians, stop)

→ _____

8 내가 많은 친구들을 사귈까? (make)

→ _____

9 그녀는 아이들을 위한 이야기들을 쓸 것인가요? (write)

→ _____

10 너의 부모님께서는 오늘 저녁에 그를 만나실 거니? (meet)

→ _____

A 코드표를 보고 알맞은 단어를 찾아 문장을 완성하세요.

■	□	◨	≣	⦀	▦	◩	◪	▨	▲	△	▶	▼
A	B	C	D	E	F	G	H	I	J	K	L	M

▽	◆	◇	◈	○	◎	●	◐	◑	★	♠	♣	♡
N	O	P	Q	R	S	T	U	V	W	X	Y	Z

1 ★▨▶▶ ♣◆◐ ◨◆▼⦀ to the party? (3 words)

→ _____ to the party?

2 ▨ ★◆▽'● □⦀ late for school. (3 words)

→ _____ late for school.

3 ◎◪⦀ ▨◎ ◩◆▨▽◩ ●◆ ▼◆◐⦀ to China. (5 words)

→ _____ to China.

4 ■○⦀ ●◪⦀♣ ◩◆▨▽◩ ●◆ ◇▶■♣ soccer? (5 words)

→ _____ soccer?

B 쌓여 있는 벽돌을 바르게 나열하여 그림에 알맞은 문장을 완성하세요.

paint
she
will
a
picture
nice

going
drive
to
he
a car
is

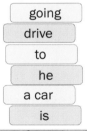

to
we
talk
going
aren't
again

1 _____

2 _____

3 _____

Chapter

5

형용사와 부사

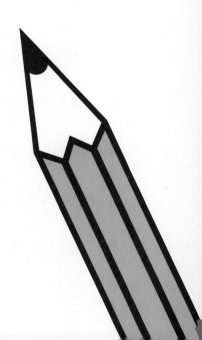

Unit 01 형용사의 의미와 쓰임

꾸며주는 말인 형용사는 어떻게 쓰일까?
a handsome boy, a cute baby?

He is a boy.
그는 / 이다 / 한 소년

He is tall. →
그는 / 이다 / 키가 큰

He is a :tall: **boy.**
그는 / 이다 / 한 키가 큰 소년

She is a girl.
그녀는 / 이다 / 한 소녀

She is pretty. →
그녀는 / 이다 / 예쁜

She is a :pretty: **girl.**
그녀는 / 이다 / 한 예쁜 소녀

형용사의 쓰임

be동사 + 형용사: 서술적 용법	형용사가 주어를 보충 설명(보어 역할)
형용사 + 명사: 한정적 용법	형용사가 뒤에 오는 명사를 꾸며줌(명사 꾸밈)

Answers p.12

 기.초.탄.탄

A 다음 문장에서 형용사를 고르세요.

1 The ① <u>wet</u> pants ② <u>are</u> ③ <u>in</u> the bathroom.
그 젖은 바지는 / 있다 / 욕실에

2 The ① <u>workers</u> ② <u>are</u> ③ <u>busy</u>.
그 작업자들은 / 이다 / 바쁜

3 The ① <u>runners</u> ② <u>were</u> ③ <u>tired</u>.
그 달리기 선수들은 / 이었다 / 피곤한

4 Mina ① <u>found</u> ② <u>empty</u> ③ <u>boxes</u>.
Mina는 / 발견했다 / 빈 / 상자들을

5 My ① <u>father</u> is fixing the ② <u>old</u> ③ <u>computer</u>.
나의 아버지는 / 고치고 계신다 / 그 낡은 / 컴퓨터를

6 The cat ① <u>has</u> a very ② <u>long</u> ③ <u>tail</u>.
그 고양이는 / 가지고 있다 / 매우 / 긴 / 꼬리를

기.본.탄.탄

A 주어진 단어를 이용하여 문장을 완성하세요.

1 The grasshopper is _____.

그 메뚜기는 / 이다 / 큰

2 Ken is _____.

Ken은 / 이다 / 예의 바른

3 The ruler is _____.

그 자는 / 이다 / 긴

4 The towers are _____.

그 타워들은 / 이다 / 높은

5 We are _____.

우리는 / 이다 / 행복한

보기
long
high
happy
polite
big

B 주어진 단어를 이용하여 명사를 꾸미세요.

> **a phone** 전화기 → **a new phone** (new) 새로운 전화기
> **a glass** 유리잔 → **an empty glass** (empty) 빈 유리잔

1 a watch 손목시계

→ _____ _____ _____ (old) 오래된 손목시계

2 a question 질문

→ _____ _____ _____ (difficult) 어려운 질문

3 an apple 사과

→ _____ _____ _____ (red) 빨간 사과

4 a cat 고양이

→ _____ _____ _____ (fat) 뚱뚱한 고양이

5 a movie 영화

→ _____ _____ _____ (interesting) 흥미로운 영화

★ 어.휘.탄.탄 ★

w ....

q ....

m ....

A 주어진 단어를 이용하여 문장을 완성하세요.

 Hint

> **Terry likes movies. (scary)** Terry는 영화들을 좋아한다.
> → **Terry likes scary movies.** Terry는 무서운 영화를 좋아한다.

1 Dad buys <u>flowers</u>. (beautiful) 아빠는 꽃을 사신다.

→ _____

2 I am standing in front of a <u>tree</u>. (tall) 나는 한 그루의 나무 앞에 서 있다.

→ _____

3 Jake asked me <u>questions</u>. (foolish) Jake는 나에게 질문들을 했다.

→ _____

4 It was a <u>dream</u>. (bad) 그것은 꿈이었다.

→ _____

5 They are <u>roses</u>. (lovely) 그것들은 장미다.

→ _____

s ....

d ....

r ....

B 주어진 단어를 알맞게 배열하세요.

1 그녀는 수줍은 소녀이다. (is, she, a, girl, shy)

→ _____

2 그 자동차는 매우 낡았었다. (was, the car, very, old)

→ _____

3 너는 바빠 보인다. (look, you, busy)

→ _____

4 그들은 그 둥근 테이블에 앉았다. (sat, they, at, the, table, round)

→ _____

5 이것들은 얇은 젓가락들이다. (are, chopsticks, these, thin)

→ _____

s ....

b ....

c ....

A 주어진 단어를 이용하여 문장을 완성하세요. (단, 동사의 형태에 주의하세요.)

(a / an) ➕ 형용사 ➕ 명사

보기 1~5

thick

red

fresh

famous

easy

1 그녀는 빨간 치마를 가지고 있다. (have, skirt)

➙ _____

2 그는 유명한 작가이다. (writer)

➙ _____

3 나는 신선한 달걀을 먹었다. (eat, egg)

➙ _____

4 그것은 쉬운 시험이었다. (test)

➙ _____

5 이것은 두꺼운 연필이다. (this, pencil)

➙ _____

주어 ➕ be동사 ➕ 형용사

보기 6~10

heavy

brave

cold

clever

cheap

6 그 개들은 영리하다. (the dogs)

➙ _____

7 나의 여행 가방은 무겁다. (suitcase)

➙ _____

8 그들의 오렌지들은 값이 싸다. (oranges)

➙ _____

9 그 소방관들은 용감했다. (the firefighters)

➙ _____

10 그의 방은 추웠다. (room)

➙ _____

Unit 02 수량 형용사

많고, 적음을 표현하는 수량 형용사!
'많은'이 영어로 many나 much라면 '많은 사람들'은 many people?

I have many **coins in my pocket.**

나는 / 가지고 있다 / 많은 / 동전들을 / 내 주머니에

I don't have much **time now.**

나는 / 가지고 있지 않다 / 많은 / 시간을 / 지금

수량 형용사의 종류

	많은	약간의 / 조금의	거의 없는
셀 수 있는 명사	many	a few	few
셀 수 없는 명사	much	a little	little
모든 명사	a lot of [lots of]	some (긍정문, 권유문) any (부정문, 의문문)	–

※ 수량 형용사는 수나 양을 나타내는 말로 명사 앞에서 꾸며준다.
※ much는 일반적으로 부정문이나 의문문에서 쓰이며 긍정문에서는 잘 쓰이지 않는다.
　예) I don't have <u>much</u> money.

Answers p.13

 기.초.탄.탄

A 밑줄 친 부분에 유의하여 다음 중 알맞은 것을 고르세요.

1 We met (many / much) <u>friends</u> at the English camp.　｜　우리는 / 만났다 / 많은 / 친구들을 / 영어캠프에서

2 There are (many / much) <u>goats</u> on the farm.　｜　있다 / 많은 / 염소들이 / 그 농장에

3 They don't need (many / much) <u>money</u>.　｜　그들은 / 필요하지 않다 / 많은 / 돈이

4 There isn't (many / much) <u>flour</u> in the plastic bag.　｜　없다 / 많은 / 밀가루가 / 비닐봉지에

5 I don't have (many / much) <u>cousins</u>.　｜　나는 / 가지고 있지 않다 / 많은 / 사촌들을

A 보기에 주어진 단어를 이용하여 문장을 완성하세요. (중복 사용 가능)

1 Emily ate _____ vegetables.

Emily는 / 먹었다 / 약간의 / 채소들을

2 There were _____ children in the park.

거의 없었다 / 아이들이 / 공원에

3 We had _____ rain last summer.

우리는 / 거의 없었다 / 비가 / 지난여름에

4 There is _____ homework today.

있다 / 약간의 / 숙제가 / 오늘

5 I asked _____ questions.

나는 / 물었다 / 몇 개의 / 질문을

B 보기에 주어진 단어를 이용하여 문장을 완성하세요. (중복 사용 가능)

1 Would you like _____ cookies?

쿠키를 좀 드시겠어요?

2 She doesn't put _____ sugar in her coffee.

그녀는 자신의 커피에 설탕을 전혀 넣지 않는다.

3 We need _____ cooking oil.

우리는 식용유가 좀 필요해.

4 Do you have _____ ideas?

아이디어가 있으신가요?

5 There are _____ people at the festival.

그 축제에 많은 사람들이 있다.

A 밑줄 친 부분을 many나 much로 바꿔 문장을 다시 쓰세요.

> **Minsu is eating a lot of cookies.** 민수는 많은 쿠키들을 먹고 있다.
> → <u>Minsu is eating many cookies.</u>

1 They don't drink <u>a lot of</u> milk every day. 그들은 매일 많은 우유를 마시지 않는다.

→ _____

2 There are <u>lots of</u> eggplants in the basket. 그 바구니에는 많은 가지들이 있다.

→ _____

3 He received <u>a lot of</u> letters from his fans. 그는 팬들에게서 많은 편지를 받았다.

→ _____

4 Did she put <u>lots of</u> salt in the kimchi? 그녀는 그 김치에 많은 소금을 넣었나요?

→ _____

5 We bought <u>a lot of</u> colored pencils. 우리는 많은 색연필을 샀다.

→ _____

B 주어진 단어를 알맞게 배열하세요.

1 우리는 시간이 많지 않아요. (have, time, we, don't, much)

→ _____

2 정원에는 많은 꽃들이 있다. (there are, a lot of, in the garden, flowers)

→ _____

3 많은 젊은 가수들이 무대에서 노래했다. (on the stage, lots of, sang, young singers)

→ _____

4 그 학생들은 몇몇 질문이 있었다. (had, a few, the students, questions)

→ _____

5 그 병에는 주스가 거의 없었다. (in the bottle, there was, juice, little)

→ _____

★ 어휘 탄탄 ★

e

l

c

g

s

b

A 주어진 단어를 이용하여 문장을 완성하세요.

| many / a few / few | **+** | 셀 수 있는 명사 |

보기 1~4

the exam

dishes on the table

cars

the stairs

1 우리는 많은 자동차들을 세차했다. (wash)

→ _____

2 몇몇 학생들이 그 시험을 통과했다. (pass)

→ _____

3 그 계단을 사용하는 방문객은 거의 없다. (visitor, use)

→ _____

4 테이블 위에 많은 접시들이 있다. (there, be)

→ _____

| much / a little / little | **+** | 셀 수 없는 명사 |

보기 5~7

snow last winter

butter

time

5 나는 시간이 거의 없다. (have)

→ _____

6 그녀는 약간의 버터를 사용했다. (use)

→ _____

7 지난겨울에는 눈이 많지 않았다. (there, be, not)

→ _____

| some / any / a lot of [lots of] | **+** | 명사 |

보기 8~10

meat yesterday

coffee

last weekend

8 몇몇의 선생님들이 지난 주말에 일하셨다. (work)

→ _____

9 그는 많은 커피를 마시지 않는다. (drink)

→ _____

10 Alice는 어제 어떤 고기도 먹지 않았다. (eat)

→ _____

Unit 03

부사의 형태와 쓰임

부사(~하게): 형용사 + -ly
형용사 '느린'은 **slow**, 그렇다면 '느리게'는 **slowly**?

A young boy is running.	→	A young boy is running quickly.
한 어린 소년은 / 뛰고 있다		한 어린 소년은 / 뛰고 있다 / 빠르게

The woman looks sad.	→	The woman looks so sad.
그 여자는 / 보인다 / 슬픈		그 여자는 / 보인다 / 아주 / 슬픈

She speaks English well.	→	She speaks English very well.
그녀는 / 말한다 / 영어를 / 잘		그녀는 / 말한다 / 영어를 / 매우 / 잘

부사의 다양한 형태

대부분의 형용사	형용사 + -ly	quick – quick**ly** safe – safe**ly** nice – nice**ly** clear – clear**ly**
-y로 끝나는 형용사	y → i + -ly	lucky – luck**ily** easy – eas**ily** happy – happ**ily**
-le로 끝나는 형용사	e → y	simple – simpl**y** possible – possibl**y**
형용사/부사 같은 경우	모양 변화 X	fast – fast early – early late – late high – high
-ly가 다른 뜻이 되는 경우	late 늦은, 늦게 – lately 최근에 near 가까운, 가까이 – nearly 거의 close 가까운, 가까이 – closely 긴밀히, 유심히	hard 힘든, 열심히 – hardly 거의 ~않는 high 높은, 높게 – highly 매우
기타 부사	very 매우 so 아주 too 너무 well 잘 pretty 꽤, 상당히	

※ 부사는 동사, 형용사, 부사 또는 문장 전체를 수식한다.

Answers p.14

 기.초.탄.탄

A 다음 중 알맞은 것을 고르세요.

1 She spoke (loud / loudly).   그녀는 / 말했다 / 크게

2 The girl closed the door (quiet / quietly).   그 소녀는 / 닫았다 / 문을 / 조용히

3 He sang (wonderful / wonderfully).   그는 / 노래했다 / 멋지게

4 Your father (glad / gladly) welcomed us yesterday.   너의 아빠는 / 기쁘게 / 환영했다 / 우리를 / 어제

5 My uncle is driving (careful / carefully).   나의 삼촌은 / 운전하고 있다 / 조심스럽게

A 주어진 단어를 이용하여 문장을 완성하세요.

1 The math test is _____ easy.

그 수학 시험은 / 이다 / 매우 / 쉬운

2 Kangaroos can jump _____.

캥거루들은 / 점프할 수 있다 / 높이

3 Tim drives _____.

Tim은 / 운전한다 / 안전하게

4 Thomas is _____ good at music.

Thomas는 / 이다 / 매우 / 능숙한 / 음악에

5 She speaks Chinese _____.

그녀는 / 말한다 / 중국어를 / 잘

B 주어진 단어를 이용하여 문장을 완성하세요.

1 Karen is reading a book _____. (quick)

Karen은 책을 빨리 읽고 있다.

2 We found the post office _____. (easy)

우리는 쉽게 우체국을 찾았다.

3 The man is smiling _____. (happy)

그 남자는 행복하게 미소 짓고 있다.

4 The woman is walking _____. (fast)

그 여자는 빠르게 걷고 있다.

5 The girl is brushing her hair _____. (gentle)

그 소녀는 자신의 머리를 부드럽게 빗고 있다.

★ 어.휘.탄.탄 ★

p

s

b

A 주어진 단어를 이용하여 문장을 완성하세요.

> **close** → **James sat close to me.** James는 내 가까이에 앉았다.
> → **Look closely at this picture.** 이 그림을 자세히 보세요.

1 high

→ The eagle is flying _____. 그 독수리는 높이 날고 있다.

→ The game is _____ interesting. 그 게임은 매우 흥미롭다.

2 near

→ Please, don't come _____. 제발 가까이 오지 마.

→ I _____ caught the butterfly. 나는 거의 그 나비를 잡을 뻔했다.

3 hard

→ My parents work _____. 나의 부모님께서는 열심히 일하신다.

→ He _____ slept last night. 그는 어젯밤에 잠을 거의 못 잤다.

e ....

b ....

p ....

B 주어진 단어를 알맞게 배열하세요.

1 내 친구들과 나는 솔직하게 대화했다. (honestly, talked, and, I, my friends)

→ _____

2 그 웨이터는 정중하게 우리에게 인사했다. (greeted, us, the waiter, politely)

→ _____

3 그 배우들은 아름답게 춤췄다. (beautifully, danced, the actors)

→ _____

4 그는 전쟁에서 용감하게 싸웠다. (bravely, fought, in the war, he)

→ _____

5 그 거북이들은 천천히 움직이고 있다. (slowly, are moving, the turtles)

→ _____

g ....

w ....

t ....

A 주어진 단어를 이용하여 문장을 완성하세요. (단, 동사의 형태에 주의하세요.)

too / very / pretty ＋ 형용사 / 부사

1 그녀는 너무 많이 운동했다. (exercise)

→ _____

2 John은 요리를 매우 잘한다. (cook)

→ _____

3 나의 선생님은 꽤 두꺼운 책들을 가지고 계신다. (have)

→ _____

동사 ＋ 부사(형용사 + ly)

4 우리는 조심해서 운전해야 한다. (should, drive)

→ _____

5 그 쥐들은 조용히 여기로 왔다. (the mice, come here)

→ _____

6 그 리포터는 명확하게 말했다. (reporter, speak)

→ _____

7 어젯밤에 비가 심하게 왔다. (it, rain, last night)

→ _____

8 그 소년은 내게 큰 소리로 말했다. (the boy, talk to)

→ _____

9 나는 화내면서 누나에게 소리 질렀다. (yell at, my sister)

→ _____

10 그 계획은 훌륭하게 진행될 거야. (the plan, will, work)

→ _____

Unit 04 빈도부사

'얼마나 자주' 어떤 행동을 하는지 표현할 때 쓰는 빈도부사!
빈도부사의 위치는 **일반동사** 앞, **조동사와 be동사**의 뒤!

She drinks coffee in the morning. → She usually drinks coffee in the morning.

그녀는 / 마신다 / 커피를 / 아침에   그녀는 / 대개 / 마신다 / 커피를 / 아침에

I should have breakfast. → I should always have breakfast.

나는 / 해야 한다 / 먹다 / 아침을   나는 / 해야 한다 / 항상 / 먹다 / 아침을

They are friendly. → They are never friendly.

그들은 / 이다 / 친절한   그들은 / 이다 / 전혀 ~않는 / 친절한

빈도부사의 종류

always 항상	**>**	usually 대개	**>**	often 종종/자주	**>**	sometimes 때때로	**>**	never 전혀 ~ 않는

※ 빈도부사는 어떤 일이 얼마나 자주 일어나는지를 나타내는 말로 be동사나 조동사 뒤, 일반동사 앞에 위치한다.

Answers p.14

 기.초.탄.탄

A 다음 중 알맞은 것을 고르세요.

1 The nurse (is always / always is) kind to me.

그 간호사는 / 이다 / 항상 / 친절한 / 나에게

2 Ross (usually takes / takes usually) the subway to work.

Ross는 / 대개 / 탄다 / 전철을 / 직장에

3 I (often visit / visit often) my grandparents.

나는 / 종종 / 방문한다 / 나의 조부모님을

4 Oscar (will never / never will) stay in Japan.

Oscar는 / 절대로 / 머물지 않을 것이다 / 일본에

5 Kevin (writes sometimes / sometimes writes) a letter to us.

Kevin은 / 때때로 / 쓴다 / 편지를 / 우리에게

A 보기에 주어진 단어를 이용하여 문장을 완성하세요.

1 He will _____ be happy with us.

그는 / 절대 / 아닐 것이다 / 행복한 / 우리와 함께

2 By this time, she is _____ at home.

이 시간쯤에 / 그녀는 / 있다 / 대개 / 집에

3 My mother is _____ very strict.

나의 어머니는 / 이다 / 때때로 / 매우 엄격한

4 They are _____ late for work.

그들은 / 종종 / 지각한다 / 직장에

5 I will _____ be by your side.

나는 / 항상 / 있을 것이다 / 너의 옆에

보기

always

usually

often

sometimes

never

B 주어진 단어를 이용하여 문장을 완성하세요. (단, 동사의 형태에 주의하세요.)

1 She _____ _____ her room alone. (clean)

그녀는 절대로 자기 방을 혼자서 청소하지 않는다.

2 We _____ _____ hiking. (enjoy)

우리는 종종 하이킹을 즐긴다.

3 Brandon _____ _____ for 8 hours. (sleep)

Brandon은 항상 8시간을 잠잔다.

4 My sister _____ _____ a lie to my mother. (tell)

나의 누나는 때때로 어머니에게 거짓말을 한다.

5 The children _____ _____ happily. (sing)

그 아이들은 대개 행복하게 노래한다.

보기

always

usually

often

sometimes

never

A 주어진 단어를 이용하여 문장을 완성하세요.

> **Peter wakes up early. (usually)** Peter는 일찍 일어난다.
> → **Peter usually wakes up early.** Peter는 대개 일찍 일어난다.

1 Bob <u>eats</u> cereal for breakfast. (often) Bob은 아침 식사로 시리얼을 먹는다.

→ _____

c _____

2 He <u>plays</u> the computer game. (never) 그는 그 컴퓨터 게임을 한다.

→ _____

3 Jenny <u>goes</u> to the library on foot. (usually) Jenny는 걸어서 도서관에 간다.

→ _____

l _____

4 Jim and I <u>go</u> fishing on weekends. (always) Jim과 나는 주말마다 낚시하러 간다.

→ _____

5 Ally <u>draws</u> a picture for me. (sometimes) Ally는 나를 위해 그림을 그린다.

→ _____

d _____

B 주어진 단어를 알맞게 배열하세요.

1 우리는 결코 너를 떠나지 않을 거야. (leave, will, we, you, never)

→ _____

2 나는 엄마와 함께 때때로 시장에 간다. (sometimes, go to the market, with my mom, I)

→ _____

m _____

3 Norah는 항상 자신의 개랑 산책을 한다. (takes a walk, always, Norah, with her dog)

→ _____

4 Tim과 나는 대개 금요일마다 영화를 본다. (watch, on Fridays, Tim and I, usually, movies)

→ _____

m _____

5 Jeremy는 겨울에 종종 스케이트를 타러 간다. (in winter, Jeremy, goes, often, skating)

→ _____

s _____

A 우리말에 맞게 주어진 단어를 이용하여 문장을 완성하세요.

be동사 / 조동사 ＋ 빈도부사

보기 1~5

soccer after school

her boyfriend

late for meetings

at home around this time

mean to me

1 나의 누나는 항상 나에게 못되게 군다. (be)

→ _____

2 그녀는 자주 자신의 남자친구를 만날 것이다. (will, meet)

→ _____

3 그는 때때로 회의에 늦는다. (be)

→ _____

4 그들은 이 시간대에 결코 집에 없다. (be)

→ _____

5 우리는 보통 방과 후에 축구를 할 수 있다. (can, play)

→ _____

빈도부사 ＋ 일반동사

보기 6~10

swimming

his bike to the bus stop

her on Sundays

carrots or beans

the piano

6 Tim은 대개 버스 정류장까지 자신의 자전거를 탄다. (ride)

→ _____

7 Jenny는 때때로 수영하러 간다. (go)

→ _____

8 Fred와 Jim은 대개 일요일에 그녀를 방문한다. (visit)

→ _____

9 나는 자주 피아노를 친다. (play)

→ _____

10 너는 절대로 당근이나 콩을 먹지 않는다. (eat)

→ _____

응.용.탄.탄

A 퍼즐에서 그림에 알맞은 단어를 찾아 many나 much와 어울리는 단어를 분류하여 표를 완성하세요.

R	P	D	F	O	X	E	T
T	E	S	B	N	L	A	E
U	N	B	U	E	O	L	A
O	C	T	S	G	U	S	M
T	I	R	T	M	A	O	O
I	L	A	A	R	N	R	A
M	I	I	O	E	R	M	N
E	O	N	Y	R	O	S	E

many	much
_____	_____
_____	_____
_____	_____
_____	_____

B 그림을 보고 알맞은 단어를 골라 문장을 완성하세요.

1

birds	kites	planes
am	are	is
dancing	flying	jumping
high	highly	lowly

→ _____

2

rabbits	frogs	grasshoppers
am	are	is
running	walking	hopping
slow	fast	fastly

→ _____

102

Chapter
6

비교급

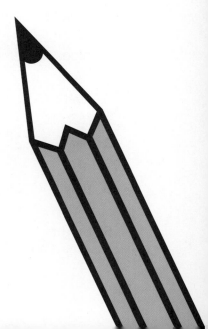

Unit 01 형용사 / 부사의 비교급

비교급(~보다 더 …한): 형용사/부사(-er) + than
그렇다면 '나는 너보다 똑똑해.'는 'I am smarter than you.'일까?

Your room is clean. → **Your room is** cleaner than **mine.**

너의 방은 / 이다 / 깨끗한   너의 방은 / 이다 / 더 깨끗한 / 나의 것보다

규칙 변화

대부분	+ -er	old — older	hard — harder
-e로 끝날 때	+ -r	nice — nicer	wise — wiser
단모음 + 단자음	자음 반복 + -er	hot — hotter	big — bigger
-y로 끝날 때	y → i + -er	pretty — prettier	early — earlier
-ous, -ful, -ive, -ing로 끝나는 2~3음절 단어	more + 원급	beautiful — more beautiful	
-ly로 끝나는 부사		easily — more easily	

불규칙 변화

good 좋은, well 건강한 — better   bad 나쁜 — worse
much/many 많은 — more   little 적은 — less

Answers p.15

 기.초.탄.탄

A 주어진 단어를 비교급으로 바꾸세요.

1 nice → _____
멋진   더 멋진

2 well → _____
건강한, 잘   더 건강한, 더 잘

3 big → _____
큰   더 큰

4 ugly → _____
못생긴   더 못생긴

5 bright → _____
밝은   더 밝은

6 light → _____
가벼운   더 가벼운

7 early → _____
이른   더 이른

8 wide → _____
넓은   더 넓은

9 delicious → _____
맛있는   더 맛있는

10 heavy → _____
무거운   더 무거운

A 우리말에 맞게 주어진 단어를 이용하여 문장을 완성하세요.

1 Ashley is _____ _____ me. (smart)

Ashley는 / 이다 / 더 똑똑한 / 나보다

2 This jump rope is _____ _____ mine. (long)

이 줄넘기는 / 이다 / 더 긴 / 나의 것보다

s _____

3 These pens are _____ _____ those pens. (cheap)

이 펜들은 / 이다 / 더 싼 / 저 펜들보다

4 Planes are _____ _____ trains. (fast)

비행기들은 / 이다 / 더 빠른 / 기차들보다

c _____

5 The teacher is _____ _____ my father. (old)

그 선생님은 / 이다 / 더 나이가 많은 / 나의 아버지보다

p _____

B 우리말에 맞게 주어진 단어를 이용하여 문장을 완성하세요. (단, 단어의 형태에 주의하세요.)

1 I ate _____ _____ Andy. (much)

나는 Andy보다 더 먹었다.

2 Wendy is _____ _____ Peter. (heavy)

Wendy는 Peter보다 더 무겁다.

h _____

3 The museum is _____ _____ the bank. (big)

그 박물관은 그 은행보다 더 크다.

4 Your picture is _____ _____ mine. (good)

너의 그림은 나의 것보다 더 낫다.

m _____

5 His health got _____ _____ before. (bad)

그의 건강은 이전보다 더 나빠졌다.

b _____

A 주어진 문장을 비교급 문장으로 바꾸세요.

The pizza is delicious. 그 피자는 맛있다.
→ **The pizza is** <u>more delicious than</u> **the cake**.

1 This question is difficult. 이 질문은 어렵다.
→ This question is _____ that one.

2 The girls are honest. 그 소녀들은 정직하다.
→ The girls are _____ the boys.

3 Timmy drives carefully. Timmy는 조심스럽게 운전한다.
→ Timmy drives _____ his father.

4 Sending a postcard is special. 우편엽서를 보내는 것은 특별하다.
→ Sending a postcard is _____ emailing.

5 She looks beautiful. 그녀는 아름다워 보인다.
→ She looks _____ the flower.

q ....

c ....

p ....

B 주어진 단어를 알맞게 배열하세요.

1 Daniel은 Nick보다 행복해 보인다. (looks, Nick, than, happier, Daniel)
→ _____

2 그의 집은 그녀의 것보다 값이 더 떨어졌다. (cheaper, became, his house, than, hers)
→ _____

3 그 기차는 그 배보다 승객이 더 적었다. (fewer, the train, the ship, passengers, than, had)
→ _____

4 이 수건들은 그 빨간색 수건들보다 더 부드러웠다.
(were, the red towels, than, softer, these towels)
→ _____

5 나의 선생님들은 이전보다 더 건강하시다. (are, before, than, my teachers, healthier)
→ _____

h ....

t ....

t ....

106

A 우리말에 맞게 주어진 단어를 이용하여 문장을 완성하세요.

비교급의 규칙 변화

1 이 전등은 저 전등보다 밝다. (this lamp, be, that lamp)

→ _____

2 그녀는 어제보다 더 일찍 일어났다. (get up, yesterday)

→ _____

3 Peter는 자신의 친구들보다 더 쉽게 영어를 배웠다. (learn, his friends)

→ _____

4 이번 여름은 지난여름보다 더 덥다. (this summer, be, last summer)

→ _____

5 스키 타는 것은 수영하는 것보다 더 신난다. (skiing, be, swimming)

→ _____

6 Sam은 자신의 가족보다 더 늦게 그곳에 도착했다. (arrive, there, his family)

→ _____

보기 1~6

early

exciting

late

bright

easily

hot

비교급의 불규칙 변화

7 내 숙제가 너의 것보다 더 끔찍해. (be, yours)

→ _____

8 0.5는 이 숫자보다 작다. (be, this number)

→ _____

9 너는 그 발레리나보다 춤을 더 잘 출 수 있다. (can, dance, the ballerina)

→ _____

10 James는 자신의 아버지보다 더 많은 커피를 마셨다. (drink, coffee, his father)

→ _____

보기 7~10

much

bad

well

little

02 형용사 / 부사의 최상급

최상급(가장 ~한[하게]): **the + 형용사/부사(-est)**
그렇다면 '나는 가장 나이가 어려.'는 '**I am the youngest.**'일까?

Your room is cleaner than mine. → **Your room is :the cleanest: in the house.**

너의 방은 / 이다 / 더 깨끗한 / 나의 것보다   너의 방은 / 이다 / 가장 깨끗한 / 집에서

규칙 변화

대부분	+ **-est**	old — old**est**	hard — hard**est**
-e로 끝날 때	+ **-st**	nice — nice**st**	wise — wise**st**
단모음 + 단자음	자음 반복 + **-est**	hot — hot**test**	big — big**gest**
-y로 끝날 때	y → i + **-est**	pretty — pretti**est**	early — earli**est**
-ous, -ful, -ive, -ing로 끝나는 2~3음절 단어	**most** + 원급	beautiful — **most** beautiful	
-ly로 끝나는 부사		easily — **most** easily	

불규칙 변화

good 좋은 / well 건강한 — **best**	bad 나쁜 — **worst**
much/many 많은 — **most**	little 적은 — **least**

Answers p.16

 기.초.탄.탄

A 주어진 단어를 최상급으로 바꾸세요.

1 easy
쉬운 → _____ 가장 쉬운

2 happy
행복한 → _____ 가장 행복한

3 warm
따뜻한 → _____ 가장 따뜻한

4 easily
쉽게 → _____ 가장 쉽게

5 tall
키가 큰 → _____ 가장 키가 큰

6 smart
똑똑한 → _____ 가장 똑똑한

7 interesting
재미있는 → _____ 가장 재미있는

8 old
늙은 → _____ 가장 늙은

9 fat
뚱뚱한 → _____ 가장 뚱뚱한

10 small
작은 → _____ 가장 작은

A 우리말에 맞게 보기에 주어진 단어를 이용하여 문장을 완성하세요.

1 Mt. Halla is ＿＿＿＿＿＿ ＿＿＿＿＿＿ mountain in South Korea.

한라산은 / 이다 / 가장 높은 / 산 / 한국에서

2 Steve is ＿＿＿＿＿＿ ＿＿＿＿＿＿ soccer player this year.

Steve는 / 이다 / 가장 훌륭한 / 축구선수 / 올해

3 This is ＿＿＿＿＿＿ ＿＿＿＿＿＿ ticket to Seoul.

이것은 / 이다 / 가장 싼 / 티켓 / 서울로 가는

4 The river is ＿＿＿＿＿＿ ＿＿＿＿＿＿ in Japan.

그 강은 / 이다 / 가장 긴 / 일본에서

5 The cheetah is ＿＿＿＿＿＿ ＿＿＿＿＿＿ animal in Africa.

치타는 / 이다 / 가장 빠른 / 동물 / 아프리카에서

보기
long
high
fast
cheap
great

B 우리말에 맞게 주어진 단어를 이용하여 문장을 완성하세요. (단, 단어의 형태에 주의하세요.)

1 The park was ＿＿＿＿＿＿ ＿＿＿＿＿＿ in Busan.

그 공원은 부산에서 가장 컸다.

2 Harry went to bed ＿＿＿＿＿＿ ＿＿＿＿＿＿ of all.

Harry는 모두 중 가장 빨리 잠자리에 들었다.

3 They were ＿＿＿＿＿＿ ＿＿＿＿＿＿ couple among my friends.

그들은 내 친구들 중 가장 행복한 커플이었다.

4 He is ＿＿＿＿＿＿ ＿＿＿＿＿＿ doctor in Korea.

그는 한국에서 가장 훌륭한 의사이다.

5 They spent ＿＿＿＿＿＿ ＿＿＿＿＿＿ time playing soccer.

그들은 가장 많은 시간을 축구를 하면서 보냈다.

보기
happy
big
much
good
early

A 주어진 문장을 최상급 문장으로 바꾸세요.

> **My mother is special.** 나의 어머니는 특별하시다.
> → **My mother is** <u>the most special</u> **in my life.**

1 My brother is careful. 나의 남동생은 조심스럽다.

→ My brother is _____ in my family.

2 She is honest. 그녀는 정직하다.

→ She is _____ in the company.

r

3 The food is delicious. 그 음식은 맛있다.

→ The food is _____ in the restaurant.

c

4 These tickets are expensive. 이 티켓들은 비싸다.

→ These tickets are _____ for the concert.

5 Emma is beautiful. Emma는 아름답다.

→ Emma is _____ in town.

B 주어진 단어를 알맞게 배열하세요.

1 Roy는 그 식당에서 가장 젊은 요리사였다. (was, the youngest, in the restaurant, cook, Roy)

→ _____

c

2 이 케이크는 디저트 중에서 가장 달다. (the sweetest, is, this cake, among the desserts)

→ _____

3 그는 저 공장에서 가장 바쁜 직원이었다. (in that factory, he, worker, the busiest, was)

→ _____

d

4 그 소들은 이 농장에서 가장 뚱뚱하다. (are, the cows, on this farm, the fattest)

→ _____

f

5 Ally는 내 친구 중에서 가장 현명해 보인다. (the wisest, Ally, of my friends, looks)

→ _____

110

영.작.탄.탄

A 우리말에 맞게 주어진 단어를 이용하여 문장을 완성하세요.

보기 1~6

smart
high
cute
pretty
cold
popular

최상급의 규칙 변화

1 그 아기는 병원에서 가장 귀엽다. (the baby, be, in the hospital)

→ _____

2 1월은 작년에 가장 추운 달이었다. (January, be, month, last year)

→ _____

3 나의 딸은 학교에서 가장 예쁜 소녀이다. (daughter, be, girl, in her school)

→ _____

4 그 가수는 미국에서 가장 인기 있다. (the singer, be, in America)

→ _____

5 당신의 아들은 나의 학생들 중에서 가장 똑똑합니다. (son, be, of my students)

→ _____

6 Greg는 모든 선수들 중에서 가장 높게 뛰었다. (jump, of all the players)

→ _____

최상급의 불규칙 변화

보기 7~10

good
many
little
bad

7 그 도서관은 마을에서 가장 많은 책을 보유하고 있다. (the library, have, in town)

→ _____

8 이것이 그 질문에 가장 좋은 답이다. (this, be, answer to the question)

→ _____

9 나는 우리 가족 중 쇼핑에 돈을 가장 적게 쓴다. (spend, money, on shopping, in my family)

→ _____

10 나의 아이디어는 모든 것 중에 최악이었다. (idea, be, of all)

→ _____

Unit 03 형용사 / 부사의 원급비교

원급 비교(~만큼 …한[하게]): 「as + 형용사/부사 + as」
그렇다면 '나는 그녀만큼 예뻐.'는 'I am as pretty as her.'일까?

Susan is [as] tall [as] Ron.

Susan은 / 이다 / 키가 큰 / Ron만큼

Susan is [not as] tall [as] Ron.

Susan은 / 아니다 / 키가 큰 / Ron만큼

궁금해요!

「as + 형용사/부사 + as」 뒤에 무엇이
오나요?

→ 주격 대신 목적격을 써도 되고요, 아래와
같이 동사는 생략이 가능해요.

예) I can cook as well as she (can).
= I can cook as well as her.
나는 그녀만큼 요리를 잘할 수 있다.

원급의 기본 구문

「as + 원급(형용사/부사) + as」	~만큼 …한[하게]
「not + as + 원급(형용사/부사) + as」	~만큼 …하지 않은[않게]

※ as와 as 사이에 형용사 또는 부사를 그대로 넣어 두 대상을 비교할 수 있다.

Answers p.17

기.초.탄.탄

A 다음 중 알맞은 것을 고르세요.

1 I am as (shy / shy as) you.
나는 / 이다 / 수줍어하는 / 너만큼

2 Joey is (heavy / as heavy) as Larry.
Joey는 / 이다 / 무거운 / Larry만큼

3 My voice is (loud as / as loud) as my mother's.
나의 목소리는 / 이다 / 큰 / 나의 엄마의 목소리만큼

4 Amy is (not as tall / as not tall) as her brother.
Amy는 / 아니다 / 키가 큰 / 자신의 오빠만큼

5 This bag is as (expensive / more expensive) as that one.
이 가방은 / 이다 / 비싼 / 저것만큼

6 The tulips are (as not pretty / not as pretty) as the roses.
그 튤립들은 / 아니다 / 예쁜 / 그 장미들만큼

112

A 우리말에 맞게 as ~ as와 주어진 단어를 이용하여 문장을 완성하세요.

1 My father can cook _____ my mother can.

나의 아버지는 / 요리하실 수 있다 / 잘 / 나의 어머니만큼

2 We can speak _____ Minsu can.

우리는 / 말할 수 있다 / 빠르게 / 민수만큼

3 James studied _____ I did.

James는 / 공부했다 / 열심히 / 나만큼

4 Julia drives _____ Carol does.

Julia는 / 운전한다 / 조심스럽게 / Carol만큼

5 The boy eats _____ his father does.

그 소년은 / 먹는다 / 많이 / 그의 아버지가 먹는 만큼

보기
hard
much
carefully
fast
well

B 우리말에 맞게 주어진 단어를 이용하여 문장을 완성하세요.

1 Your apples are _____ mine.

너의 사과들은 내 것만큼 크지 않다.

2 This library is _____ that library.

이 도서관은 저 도서관만큼 조용하지 않다.

3 The river is _____ the Han River.

그 강은 한강만큼 길지 않다.

4 Your room is _____ their room.

너의 방은 그들의 방만큼 더럽지 않다.

5 They are _____ you.

그들은 너희들만큼 똑똑하지 않다.

보기
big
long
smart
quiet
dirty

실.력.탄.탄

A 우리말에 맞게 주어진 단어를 이용하여 문장을 완성하세요.

Hint

> **My friends don't eat lunch** <u>as quickly as</u> **I do.** (quick)
> 내 친구들은 나만큼 빨리 점심을 먹지 않는다.

1 James can't fight _____ a soldier. (brave)

James는 군인만큼 용감하게 싸울 수 없다.

2 My sister doesn't drive _____ my dad. (safe)

우리 누나는 아빠만큼 안전하게 운전하지 않는다.

3 The boy didn't speak _____ Peter. (polite)

그 소년은 Peter만큼 예의 바르게 말하지 않았다.

4 I can't see in the dark _____ an owl. (good)

나는 어두운 데서 올빼미만큼 잘 볼 수 없다.

5 Her brothers don't sleep _____ a baby. (quiet)

그녀의 오빠들은 아기만큼 조용하게 잠을 자지 않는다.

B 주어진 단어를 알맞게 배열하세요.

1 너의 개들은 내 고양이들만큼 영리하지 않다. (as, are, my cats, your dogs, as, not, clever)

→ _____

2 그것은 만화책만큼 재밌어 보이지 않는다. (look, it, as, doesn't, as, the comic book, fun)

→ _____

3 그 버스는 달팽이만큼 느리게 움직인다. (moves, the bus, as, as, a snail, slowly)

→ _____

4 나의 어머니는 아버지만큼 바쁘셨다. (was, my father, my mother, as, as, busy)

→ _____

5 이번 여름은 지난여름만큼 덥다. (is, as, as, this summer, last summer, hot)

→ _____

s
....

d
....

o
....

c
....

c
....

s
....

A 주어진 단어를 이용하여 문장을 완성하세요.

| as | + | 형용사 / 부사 | + | as |

보기 1~5

her mother

my older sister

mine

a rooster

the musical actor

1 나는 내 누나만큼 똑똑하다. (be, smart)

→ _____

2 그들은 그 뮤지컬 배우만큼 크게 노래 부른다. (sing, loudly)

→ _____

3 그녀는 그녀의 어머니만큼 아름답다. (be, beautiful)

→ _____

4 나의 할아버지는 수탉만큼 일찍 일어나신다. (get up, early)

→ _____

5 그녀의 머리색은 내 것만큼 어둡다. (her hair color, be, dark)

→ _____

| not | + | as | + | 형용사 / 부사 | + | as |

보기 6~10

before

yours

a kangaroo

the sun

this room

6 그 방은 이 방만큼 시끄럽지 않다. (the room, be, noisy)

→ _____

7 달은 태양만큼 밝지 않다. (the moon, shine, brightly)

→ _____

8 이 채소들은 이전만큼 신선하지 않다. (these vegetables, be, fresh)

→ _____

9 너는 캥거루만큼 높이 뛸 수 없다. (jump, high)

→ _____

10 나의 신발은 너의 것만큼 비싸지 않다. (shoes, be, expensive)

→ _____

A 주어진 단어의 알맞은 비교급을 쓰고 퍼즐을 완성하세요.

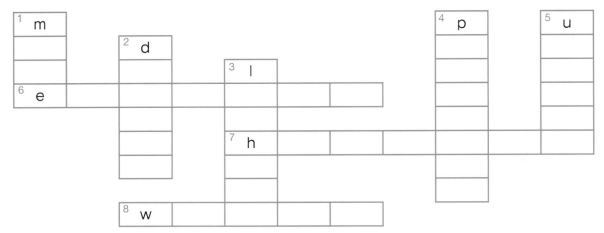

Down ↓	Across →
1 many – _____	**6** early – _____
2 dark – _____	**7** heavy – _____
3 light – _____	**8** bad – _____
4 pretty – _____	
5 ugly – _____	

B 미로에서 주어진 단어의 알맞은 비교급과 최상급을 골라 쓰세요.

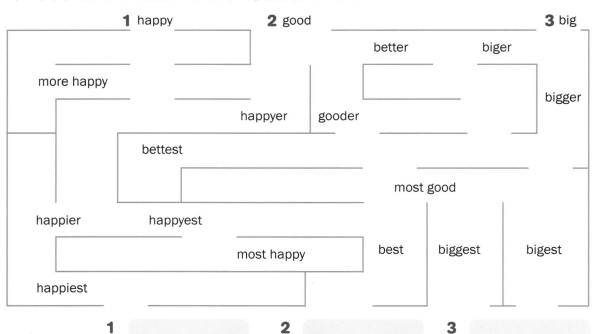

Chapter

7

전치사와 접속사

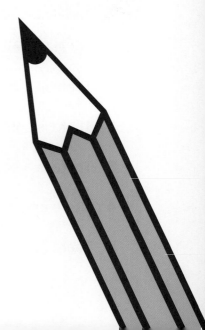

Unit 01 장소 전치사

on과 over 둘 다 '~ 위에'라는 뜻이면
'내 책상 위에'는 'on my desk'일까? 'over my desk'일까?

We are **in** the building.
우리는 / 있다 / 안에 / 그 건물

We are **behind** the building.
우리는 / 있다 / 뒤에 / 그 건물

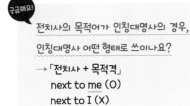

구금해요!
전치사의 목적어가 인칭대명사의 경우,
인칭대명사 어떤 형태로 쓰이나요?
→ 「전치사 + 목적격」
next to me (O)
next to I (X)

장소 전치사 + 명사(장소)

in	~ 안에(들어갈 수 있는 공간, 넓은 장소)	**in** a room	**in** the country	**in** China
at	~에(지점, 좁은 장소)	**at** the bus stop	**at** school	**at** the corner
on	~ 위에(표면과 접촉)	**on** the floor	**on** the wall	**on** my desk
over	~ 위에(표면과 떨어져)	**over** the mountain	**over** the river	
under	~ 아래에(표면과 떨어져)	**unde**r the bridge	**under** the table	
next to	~ 옆에(= by)	**next to** the bed	**next to** the car	
in front of	~ 앞에	**in fron**t of the bank	**in front of** the piano	
behind	~ 뒤에	**behind** the door	**behind** the bus	

Answers p.18

기.초.탄.탄

A 다음 중 알맞은 것을 고르세요.

1 There is a tree (behind / at) the new building.
~가 있다 / 한 나무가 / 뒤에 / 그 새 건물

2 There is some coffee (in / at) the cup.
~가 있다 / 약간의 커피가 / 안에 / 그 잔

3 There is a bank (next to / under) the church.
~가 있다 / 한 은행이 / 옆에 / 그 교회

4 There are many paintings (over / on) the wall.
~들이 있다 / 많은 그림이 / 위에 / 벽

5 There are newspapers (on / in front of) the door.
~들이 있다 / 신문들이 / 앞에 / 그 문

A 주어진 단어를 이용하여 문장을 완성하세요.

1 My dog always sits _____ my sister.

나의 개는 / 항상 / 앉는다 / 옆에 / 나의 여동생

2 A police car suddenly stopped _____ us.

한 경찰차가 / 갑자기 / 멈췄다 / 뒤에서 / 우리

3 The kite was flying _____ the town.

그 연은 / 날고 있었다 / 위로 / 그 마을

4 A cat is sleeping _____ the table.

한 고양이가 / 자고 있다 / 아래에 / 그 테이블

5 The wallet was _____ the sofa.

그 지갑은 / 있었다 / 위에 / 소파

보기
over
under
on
next to
behind

B 주어진 단어를 이용하여 문장을 완성하세요.

1 The girl was standing _____. (the bus stop)

그 여자아이는 버스정류장에서 서 있었다.

2 My cousins are jumping _____. (the bed)

나의 사촌들은 침대 위에서 뛰고 있다.

3 A bottle of juice is _____. (the refrigerator)

한 병의 주스가 냉장고 안에 있다.

4 Tommy and Jack met _____. (the bakery)

Tommy와 Jack은 제과점 앞에서 만났다.

5 There was a bug _____. (the curtain)

커튼 뒤에 벌레가 한 마리 있었다.

보기
in
in front of
behind
at
on

A 주어진 단어를 이용하여 문장을 완성하세요.

★ 어휘 탄탄 ★

> **The restaurant is at the corner.** 그 식당은 모퉁이에 있다.
> **The restaurant is in France.** 그 식당은 프랑스에 있다.

1 in / at

They are playing volleyball _____ the beach. 그들은 해변에서 배구를 하고 있다.

They are swimming _____ the sea. 그들은 바다에서 수영을 하고 있다.

b
_____

2 on / over

The clock is _____ the window. 그 시계는 창문 위에 있다.

The clock is _____ the table. 그 시계는 테이블 위에 있다.

c
_____

3 in front of / behind

The mouse hid _____ the door. 그 쥐는 문 뒤로 숨었다.

The mouse is _____ the door. 그 쥐는 문 앞에 있다.

m
_____

B 주어진 단어를 알맞게 배열하세요.

1 그 학교 앞에는 우체통이 있다. (is, a mailbox, the school, there, in front of)

→ _____

2 동전 한 개가 바닥 위에 있었다. (on, was, the floor, there, a coin)

→ _____

m
_____

3 많은 사람들이 시청 뒤에 있었다. (were, City Hall, people, behind, many)

→ _____

c
_____

4 그 무지개가 산 위로 빛나고 있었다. (the mountain, the rainbow, over, was shining)

→ _____

5 그는 자신의 자동차를 그 트럭 옆에 주차했다. (the truck, he, next to, his car, parked)

→ _____

r
_____

영.작.탄.탄

A 그림을 참고하여 우리말에 맞게 주어진 단어를 이용하여 문장을 완성하세요.

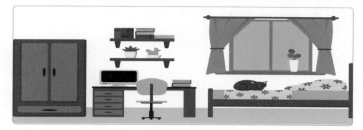

보기 1~4

on

under

over

in front of

1 의자 하나가 그 컴퓨터 앞에 있다. (there, a chair, the computer)

→ _____

2 그 컴퓨터는 그 책상 위에 있다. (the computer, the desk)

→ _____

3 고양이 한 마리가 창문 아래 있다. (there, a cat, the window)

→ _____

4 그 책들은 그 식물들 위에 있다. (the books, the plants)

→ _____

보기 5~8

in

behind

at

next to

5 그 옷장은 그 깔개 뒤에 있다. (the closet, the rug)

→ _____

6 우산 하나가 그 옷장 안에 있다. (there, an umbrella, the closet)

→ _____

7 두 개의 상자들이 그 여행가방 옆에 있다. (there, two boxes, the suitcase)

→ _____

8 그 식물들은 그 창가에 있다. (the plants, the window)

→ _____

Unit 02

시간 전치사

in과 at 둘 다 '~에'라는 뜻이면
'저녁에'는 'at the evening'일까? 'in the evening'일까?

I left China (in) 2016.

나는 / 떠났다 / 중국을 / 에 / 2016년

I left China (on) March 23rd.

나는 / 떠났다 / 중국을 / 에 / 3월23일

시간 전치사 + 명사(시각, 기간)

in	~에(비교적 긴 시간 – 월, 연도, 계절, 오전, 오후)	**in** January **in** 2010 **in** winter **in** the morning
on	~에(요일, 날짜, 특정한 날)	**on** January 1st **on** Monday **on** Christmas Day
at	~에(구체적인 시각, 시점)	**at** seven o'clock **at** night **at** noon
for	~ 동안(구체적인 숫자 기간)	**for** a year **for** 5 months **for** an hour **for** 10 minutes
by	~까지	**by** Thursday **by** May **by** the end of this week

Answers p.18

 기.초.탄.탄

A 다음 중 알맞은 것을 고르세요.

1 Amy has three classes (in / on) the morning.

Amy는 / 가지고 있다 / 3개의 수업들을 / 오전에

2 He was born (at / on) December 7th.

그는 / 태어났다 / 12월 7일에

3 Let's meet (in / at) 1 o'clock.

만나자 / 1시 정각에

4 You must finish your homework (by / for) next Monday.

너는 / 끝내야 한다 / 너의 숙제를 / 다음 월요일까지

5 We will travel (for / by) 2 weeks.

우리는 / 여행할 것이다 / 2주 동안

122

A 주어진 단어를 이용하여 문장을 완성하세요.

1 Sally will come to Korea _____ February.

Sally는 / 올 것이다 / 한국에 / 2월에

2 They should return the books _____ tomorrow.

그들은 / 반납해야 한다 / 그 책들을 / 내일까지

3 We have to sleep _____ 8 hours a day.

우리는 / 자야만 한다 / 8시간 동안 / 하루에

4 She doesn't eat anything _____ night.

그녀는 / 먹지 않는다 / 아무것도 / 밤에

5 Koreans eat rice cake soup _____ New Year's Day.

한국사람들은 / 먹는다 / 떡국을 / 설날에

보기
at
by
on
for
in

B 보기 1과 2에서 알맞은 단어를 골라 문장을 완성하세요.

1 They invite me to dinner _____.

그들은 일요일마다 나를 저녁 식사에 초대한다.

2 I should send the mail to him _____.

나는 4시까지 그에게 메일을 보내야 한다.

3 He came home _____.

그는 자정에 집에 돌아왔다.

4 Kelly and I stayed there _____.

Kelly와 나는 이틀 동안 거기서 머물렀다.

5 Children usually take a nap _____.

아이들은 대개 오후에 낮잠을 잔다.

보기 1
for
on
in
by
at

+

보기 2
4 o'clock
Sundays
the afternoon
midnight
two days

 실.력.탄.탄

A 주어진 단어를 이용하여 문장을 완성하세요.

★ 어휘 탄탄 ★

| in / on | The dog was born **in** May. 그 개는 5월에 태어났다. |
| | The dog was born **on** May 7th. 그 개는 5월 7일에 태어났다. |

1 in / on

I will throw a party _____ April. 나는 4월에 파티를 열 것이다.

I will throw a party _____ April 5th. 나는 4월 5일에 파티를 열 것이다.

2 at / for

The store opens _____ 12 hours a day. 그 가게는 하루에 12시간 동안 연다.

The store opens _____ 9 a.m. 그 가게는 오전 9시에 연다.

3 in / by

Come to school _____ 8 a.m. 오전 8시까지 학교에 와라.

Come to school _____ the evening. 저녁에 학교로 와라.

B 주어진 단어를 알맞게 배열하세요.

1 Rob은 3년 동안 영국에서 공부할 것이다. (for, will study, in England, 3 years, Rob)

→ _____

2 그 수학 수업은 8시에 시작할 것이다. (the math class, 8 o'clock, at, will begin)

→ _____

3 우리는 월요일까지 우리의 일을 끝내야 한다. (should finish, we, our work, Monday, by)

→ _____

4 아이들은 겨울에 긴 방학을 가진다. (children, have, in, a long vacation, winter)

→ _____

5 나는 수요일마다 바이올린 수업이 있어. (violin lessons, I, on, have, Wednesdays)

→ _____

p

A

s

E

m

v

124

영.작.탄.탄

A 우리말에 맞게 주어진 단어를 이용하여 문장을 완성하세요. (중복 사용 가능)

★ 어휘 탄탄 ★

by / at / for

1 그들은 2년 동안 중국에 살았다. (live, China, 2 years)

→ _____

2 밤에는 매우 추울 것이다. (it, will, be, night)

→ _____

3 그는 4시 정각까지 여기를 떠나야 한다. (should, leave here, 4 o'clock)

→ _____

4 나는 정오에 인터뷰가 하나 있다. (have, an interview, noon)

→ _____

5 너는 이 책을 화요일까지 읽어야 한다. (have to, read, this book, Tuesday)

→ _____

on / in

6 나의 여동생은 7월에 태어났다. (be, born, July)

→ _____

7 그 파티는 3월 14일에 있을 것이다. (the party, will, be, March 14th)

→ _____

8 Julie는 금요일에 그 의사를 만났다. (see, the doctor, Friday)

→ _____

9 Mark는 가을에 도보 여행을 간다. (go hiking, fall)

→ _____

10 우리는 아침에 커피를 마셨다. (drink, coffee, the morning)

→ _____

n
....

i
....

n
....

M
....

h
....

f
....

Unit 03 방향 전치사

'~ 안으로'가 into라면,
'~ 밖으로'는 'out to'일까? 'out of'일까?

They walked into **the room.**

그들은 / 걸어갔다 / 안으로 / 그 방

They walked out of **the room.**

그들은 / 걸어갔다 / 밖으로 / 그 방

방향 전치사 + 명사(장소)

into	~ 안으로	**into** the box	**into** the house
to	~에, ~로	**to** my house	**to** school
for	~을 향해서	**for** Seoul	**for** L.A.
from	~로부터	**from** Korea	**from** the company
along	~을 따라서	**along** the beach	**along** the road
across	~을 가로질러	**across** the street	**across** the river
out of	~ 밖으로	**out of** town	**out of** the room
through	~을 통과하여	**through** the wall	**through** the people

Answers p.19

 기.초.탄.탄

A 다음 중 알맞은 것을 고르세요.

1 She is going (out of / to) her office.

그녀는 / 가고 있다 / 밖으로 / 그녀의 사무실

2 They left (for / through) Jeju.

그들은 / 떠났다 / 향하여 / 제주도를

3 My friend and I are running (from/ along) the street.

나의 친구와 나는 / 달리고 있다 / 따라서 / 그 길을

4 The mice passed (through / for) the hole on the wall.

그 쥐들은 / 지나갔다 / 통해서 / 그 구멍을/ 벽에 있는

5 A baby bird fell (into / from) a tree.

아기 새 한 마리가 / 떨어졌다 / 로부터 / 한 나무

126

A 주어진 단어를 이용하여 문장을 완성하세요.

1 She and I walked _____ the road.

그녀와 나는 / 걸었다 / 가로질러 / 그 길을

2 My nephew jumped _____ the water.

나의 조카는 / 뛰어들었다 / 안으로 / 물

3 I came _____ Canada.

나는 / 왔다 / 에서 / 캐나다

4 This ship is leaving _____ Germany.

이 배는 / 떠나고 있다 / 향하여 / 독일을

5 Something came _____ the hole.

무언가가 / 나왔다 / 밖으로 / 그 구멍

보기

from

out of

across

into

for

B 보기 1과 2에서 알맞은 단어를 골라 문장을 완성하세요.

1 The students are walking _____.

그 학생들은 학교로 걸어가고 있다.

2 The bus went _____.

그 버스는 그 긴 터널을 통과해서 갔다.

3 They traveled _____.

그들은 고속도로를 따라 이동했다.

4 The robber ran _____.

그 강도는 그 가게 밖으로 뛰어나갔다.

5 An ant moved _____.

개미 한 마리가 그 병 안으로 이동했다.

보기 1

through

out of

into

along

to

+

보기 2

the highway

the store

the bottle

the long tunnel

school

A 주어진 단어를 이용하여 문장을 완성하세요.

> **to / out of** The horse ran <u>to</u> the farm. 그 말은 농장으로 달려갔다.
>
> The horse ran <u>out of</u> the woods. 그 말은 그 숲 밖으로 달려 나갔다.

1 along / across

We drove _____ the country. 우리는 국토를 가로질러 운전했다.

We drove _____ the river. 우리는 그 강을 따라 운전했다.

2 out of / for

They got _____ the classroom. 그들은 교실 밖으로 나왔다.

They got on the bus _____ Seoul. 그들은 서울행 버스를 탔다.

3 to / into

Sam is walking _____ the park. Sam은 그 공원 안으로 걸어가고 있다.

Sam is walking _____ a tree. Sam은 한 나무쪽으로 걸어가고 있다.

r ....

c ....

p ....

B 주어진 단어를 알맞게 배열하세요.

1 그 물이 파이프로부터 나오고 있다. (is coming, the water, from, the pipe)

→ _____

2 영국행 비행기가 한 시간 후에 출발한다. (England, in an hour, the plane, leaves, for)

→ _____

3 한 도둑이 창문을 통해서 그 집으로 들어갔다.
(entered, the house, a thief, through, the window)

→ _____

4 그녀는 그 방 밖으로 그 고양이를 데리고 나왔다. (out of, took, she, the room, the cat)

→ _____

5 그 학생들은 벽을 따라서 서 있었다. (the students, the wall, were standing, along)

→ _____

p ....

h ....

t ....

영.작.탄.탄

A 우리말에 맞게 주어진 단어를 이용하여 문장을 완성하세요. (중복 사용 가능)

| to / out of / from / across |

1 우리는 수원으로 이사했다. (move, Suwon)

→ _____

2 이 가방은 이탈리아에서 왔다. (this bag, come, Italy)

→ _____

3 그는 어젯밤에 그 병원 밖으로 나왔다. (get, the hospital, last night)

→ _____

4 하늘을 가로질러 무지개 하나가 있다. (there, be, a rainbow)

→ _____

5 나의 가족은 그 동물원에 갔다. (go, the zoo)

→ _____

| through / into / along / for |

6 그 길을 따라 많은 나무들이 있다. (there, be, many trees, the street)

→ _____

7 그 강은 그 마을을 통해 지나갔다. (the river, pass, the village)

→ _____

8 그들은 그 햄스터들을 그 상자 안으로 밀어 넣었다. (push, the hamsters, the box)

→ _____

9 토론토행 열차는 오후 7시에 출발했다. (the train, Toronto, leave, 7 p.m.)

→ _____

10 나는 이 구멍을 통해서 밖을 볼 수 있다. (can, see, the outside, this hole)

→ _____

h ....

r ....

z ....

v ....

h ....

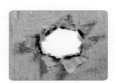

h ....

Unit 04 등위접속사

'너와 나'를 표현하려면,
접속사 and, or, but 중에서 어떤 것과 함께 쓸까?

Ben has cats (and) dogs. 「단어 + 단어」

Ben은 / 가지고 있다 / 고양이들 / 과 / 개들을

Do you want to go out (or) stay at home? 「구 + 구」

너는 원하니 / 밖으로 나가기를 / 또는 / 집에 머물기를

I failed the test, (but) I'll try it again. 「절 + 절」

나는 / 낙제했다 / 그 시험에 / 하지만 / 나는 시도할 것이다 / 그것을 / 다시

구금해요!

구와 절은 무엇인가요?
구: 두 개 이상의 단어가 모여서 이루어진 것
　예) watching TV / in the room
절: 두 개 이상의 단어가 모여서 이루어진 것
　으로 주어와 동사가 포함된 것
　예) (after) I came home /
　　　(but) you didn't study

등위접속사의 종류와 역할

and	~와, 그리고	
or	혹은, 또는	「단어 + 단어」 / 「구 + 구」 / 「절 + 절」
but	하지만, 그러나	

Answers p.20

기.초.탄.탄

A 다음 중 알맞은 것을 고르세요.

1 David is going fishing on the 5th (or / but) the 8th.

David는 / 갈 것이다 / 낚시하러 / 5일 / 또는 / 8일에

2 Butter is delicious (or / but) unhealthy.

버터는 / 이다 / 맛있는 / 하지만 / 건강하지 않은

3 James has blond hair (but / and) blue eyes.

James는 / 가지고 있다 / 금발 머리 / 와 / 파란 눈을

4 Which do you like, meat (or / but) fish?

어떤 것을 / 너는 좋아하니 / 고기 / 혹은 / 생선

5 Max ate cereal (and / but) milk for breakfast.

Max는 / 먹었다 / 시리얼 / 과 / 우유를 / 아침 식사로

130

A 주어진 단어를 이용하여 문장을 완성하세요. (중복 사용 가능)

1 My sister _____ I go to the same elementary school.

나의 언니 / 와 / 나는 / 간다 / 같은 초등학교에

2 Which do you want, ice cream _____ juice?

어떤 것을/ 당신은 원하나요 / 아이스크림 / 혹은 / 주스

3 Mr. Smith is lazy _____ smart.

Smith 씨는 / 이다 / 게으른 / 하지만 / 똑똑한

4 Emily _____ Ken took the same class last year.

Emily / 와 / Ken은 / 들었다 / 같은 수업을 / 지난해에

5 Eggs are healthy _____ expensive.

달걀은 / 이다 / 건강에 좋은 / 하지만 / 값이 비싼

보기
and
but
or

B 보기 1과 2에서 알맞은 단어를 골라 문장을 완성하세요.

1 We can pay by credit card _____.

우리는 신용 카드 혹은 현금으로 지불할 수 있다.

2 You can go now _____.

너는 지금 가거나 혹은 여기 있어도 좋다.

3 Helen liked funny movies _____.

Helen은 재미있는 영화를 좋아했지만 무서운 영화는 좋아하지 않았다.

4 The kids played board games _____.

그 아이들은 보드게임도 했고 만화책도 읽었다.

5 Drawing pictures _____ are his favorite activities.

그림 그리기와 사진 찍는 것은 그가 가장 좋아하는 활동들이다.

보기 1
and
but
or

+

보기 2
read comic books
taking photos
didn't like scary movies
stay here
in cash

A 우리말에 맞게 주어진 단어를 이용하여 문장을 완성하세요.

> **He will take a shower and go to bed. (go)**
> 그는 샤워를 하고 잠자리에 들 것이다.

1 Cindy runs 2 miles _____ _____ every morning. (swim)

Cindy는 매일 아침 2마일을 뛰고 수영을 한다.

2 I would like to take a walk _____ _____ some tea. (drink)

저는 산책을 하거나 차를 좀 마시고 싶어요.

3 They lost 3 games _____ _____ the last game. (win)

그들은 세 경기를 졌지만 마지막 경기에서 이겼다.

4 Do you like skiing _____ _____? (skate)

너는 스키 타는 것을 좋아하니, 아니면 스케이트 타는 것을 좋아하니?

5 Kelly is hardworking _____ _____. (smart)

Kelly는 부지런하고 똑똑하다.

B 주어진 단어를 알맞게 배열하세요.

1 Jen은 피곤했지만, 그녀는 일찍 잠자리에 들지 않았다. (early, didn't, she, but, go to bed)

→ Jen was tired, _____.

2 나는 Dennis를 만났고, 우리는 한 잔의 커피를 마셨다. (drank, we, and, a cup of coffee)

→ I met Dennis, _____.

3 너는 TV를 보고 있니, 아니면 만화책을 읽고 있니? (or, you, a comic book, reading, are)

→ Are you watching TV, _____?

4 Joshua는 중국어를 말할 수 있지만, 그것을 쓸 수는 없다. (but, can't, he, it, write)

→ Joshua can speak Chinese, _____.

5 Mary는 도서관에 있나요, 아니면 집에 갔나요? (she, or, did, go home)

→ Is Mary in the library, _____?

★ 어휘 탄탄 ★

s _____

t _____

s _____

t _____

s _____

C _____

A 우리말에 맞게 주어진 단어를 이용하여 문장을 완성하세요.

단어 **+** 접속사 **+** 단어

1 Terry와 나는 쌍둥이다. (be, twins)

→ _____

2 나의 선생님은 친절하시지만 엄격하시다. (be, kind, strict)

→ _____

3 그들은 주스를 원하나요, 아니면 커피를 원하나요? (want, juice, coffee)

→ _____

4 Steve는 키가 작지만 힘이 세다. (be, short, strong)

→ _____

t _____

구 **+** 접속사 **+** 구

5 너의 개는 책상 아래나 소파 위에 있을지 모른다. (the desk, the sofa)

→ Your dog may be _____ .

s _____

6 그 케이크는 약간 달지만 매우 맛있다. (a little sweet, very delicious)

→ The cake is _____ .

7 우리는 아침과 밤에 우유를 마셔. (the morning, night)

→ We drink milk _____ .

s _____

절 **+** 접속사 **+** 절

8 나는 이 영화를 보고 싶지만 시간이 없다. (not, have time)

→ I want to watch this movie, _____ .

d _____

9 어제 콘서트에 갔니, 아니면 집에 있었니? (be, at home, yesterday)

→ Did you go to the concert _____ ?

c _____

10 나의 어머니는 음악을 들으셨고, 아버지는 소설 한 권을 읽으셨다. (read, a novel)

→ My mother listened to music, _____ .

n _____

A 코드표를 보고 알맞은 단어를 찾아 문장을 완성하세요.

■	□	▣	▤	▥	▦	◩	▧	▨	▲	△	▶	▼
A	B	C	D	E	F	G	H	I	J	K	L	M

▽	◆	◇	◈	○	◎	●	◑	◐	★	♠	♣	♡
N	O	P	Q	R	S	T	U	V	W	X	Y	Z

1 There is a bank ▽▥♠● ●◆ the church. (2 words)

→ There is a bank _____ the church.

2 There are many clouds ◆◑▥○ the hill. (1 word)

→ There are many clouds _____ the hill.

3 There is a box □▥▧▨▽▤ the curtain. (1 word)

→ There is a box _____ the curtain.

B 미로에서 그림에 알맞은 단어를 찾아 문장을 완성하세요.

1 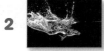 A mouse is passing _____ a hole.

2  A frog jumped _____ the water.

3  Leaves are falling _____ a tree.

4 I have a test _____ Monday.

→

A	T	B	A	I	T	H
U	I	N	T	O	G	R
C	Z	W	R	I	N	O
G	G	O	N	T	G	U
N	N	G	N	I	V	G
I	M	O	R	F	D	H
T	U	C	G	R	G	N

Chapter

8

문장의 종류

Unit 01 제안문

'~하자'는 영어로 'Let's ~'라는 것 알지?
그런데 다른 표현은 없을까?

Let's dance together. → Shall we dance together?

춤추자 / 함께   ~ 할까요? / 우리는 / 춤추다 / 함께

제안문의 종류와 의미

Shall we + 동사원형 ~? ~할까요?	**Shall we** have a cup of coffee? 우리 커피 한잔 할까요?
Why don't we + 동사원형 ~? ~하는 게 어때?	**Why don't we** play computer games tonight? 오늘 밤에 컴퓨터 게임하는 게 어때?
How [What] about + 동사원형-ing ~? ~하는 게 어때?	**How [What] about** going skiing next week? 다음 주에 스키를 타러 가는 게 어때?
Would you like to + 동사원형 ~? ~하고 싶나요?	**Would you like to** drink some water? 물을 좀 마시고 싶나요?

※ 제안문은 상대방에게 어떤 행동을 하거나 하지 말자고 권유하거나 제안하는 문장이다.

Answers p.21

 기.초.탄.탄

A 다음 중 알맞은 것을 고르세요.

1 Shall we (to ride / ride) a horse?
    ~할까요? / 우리 / 타다 / 말을

2 How about (walk / walking) in the park?
    ~하는 게 어때? / 걷는 것 / 공원에서

3 Why don't we (have / having) lunch at the restaurant?
    ~하는 게 어때? / 우리 / 먹다 / 점심을 / 그 식당에서

4 Would you like to (read / reading) the book?
    ~하고 싶나요? / 읽다 / 그 책을

5 What (about eating / eating about) ice cream here?
    ~하는 게 어때? / 먹는 것 / 아이스크림을 / 여기서

기.본.탄.탄

A 주어진 단어를 이용하여 문장을 완성하세요. (중복 사용 가능)

1 _____ you _____ _____ drink some milk?

～하고 싶나요? / 마시다 / 약간의 우유를

2 _____ we stop here and sit down?

～할까요? / 우리 / 멈추다 / 여기서 / 그리고 / 앉다

3 _____ _____ we meet at 3 o'clock?

～하는 게 어때? / 우리 / 만나다 / 3시 정각에

4 _____ _____ traveling in Europe?

～하는 게 어때? / 여행하는 것 / 유럽에서

5 _____ _____ working at the library?

～하는 게 어때? / 일하는 것 / 도서관에서

B 보기 1과 2에서 알맞은 단어를 골라 문장을 완성하세요. (중복 사용 가능)

1 _____ _____ _____ every day?

매일 운동하는 게 어때?

2 _____ _____ we _____ some eggs?

우리 달걀 몇 개 사는 게 어때?

3 _____ we _____ again after school?

우리 방과 후에 다시 만날까요?

4 _____ you _____ _____ _____ here?

여기에 앉으실래요?

5 _____ _____ _____ a taxi now?

지금 택시를 타는 것이 어때?

A 주어진 단어를 이용하여 같은 의미의 문장을 완성하세요.

> **Let's go for a walk. (shall)** 우리 산책 나가자.
>
> → <u>**Shall we go for a walk?**</u>

1 Let's take a rest. (shall) 우리 휴식을 취하자.

→ _____

p _____

2 Why don't we clean the room together? (how about) 우리 함께 방을 청소하는 게 어때?

→ _____

3 How about throwing a party for him? (why don't) 우리 그를 위해 파티를 여는 게 어때?

→ _____

p _____

4 Do you want to swim in the pool? (would, like to) 수영장에서 수영하실래요?

→ _____

w _____

5 Shall we write a letter to him? (what about) 우리 그에게 편지를 한 통 쓸까요?

→ _____

B 주어진 단어를 알맞게 배열하세요.

1 지금 쿠키들을 좀 굽는 것은 어때? (baking, some cookies, what about, now)

→ _____

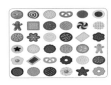

c _____

2 댄스 동아리에 가입하는 게 어때? (joining, how about, the dance club)

→ _____

3 여기서 머무실래요? (like to, stay, you, would, here)

→ _____

d _____

4 내일 우리 낚시하러 가는 게 어때? (go fishing, tomorrow, we, don't, why)

→ _____

5 우리 라디오를 들을까요? (listen to, we, the radio, shall)

→ _____

f _____

영.작.탄.탄

A 우리말에 맞게 주어진 단어를 이용하여 문장을 완성하세요.

| How about | **+** | V-ing | ~?

1 이번 일요일에 해변에 가는 게 어때? (go)

→ _____

2 창문들은 닫는 게 어때? (close)

→ _____

| What about | **+** | V-ing | ~?

3 그 새로운 음악을 듣는 게 어때? (listen to)

→ _____

4 우리 집으로 이사 오는 게 어때? (move)

→ _____

| Shall we | **+** | 동사원형 | ~?

5 우리 사진을 한 번 더 찍으면 어떨까요? (take)

→ _____

6 우리 함께 기타를 연주하면 어떨까요? (play)

→ _____

| Why don't we | **+** | 동사원형 | ~?

7 오늘 밤 우리 영화 하나를 보는 게 어때? (watch)

→ _____

8 너의 남동생을 기다리는 게 어때? (wait for)

→ _____

| Would you like to | **+** | 동사원형 | ~?

9 이 신발들을 신어 보실래요? (put on)

→ _____

10 이 버섯스프를 먹어 보실래요? (try)

→ _____

보기 1~4

into our house

the windows

to the beach this Sunday

the new music

보기 5~10

a movie tonight

this mushroom soup

the guitar together

these shoes

your brother

another photo

Unit 02

what 감탄문

what 감탄문: What (+ a[an]) + 형용사 + 명사 (+ 주어 + 동사)!
그럼 '너는 예쁜 소녀구나!'는 'What a pretty girl (you are)!'일까?

It is a very sad story.　→　What a sad story it is!

그것은 / 이다 / 매우 슬픈 / 이야기　　　매우 슬픈 / 이야기 / 그것은 / 이구나!

They are really brave girls.　→　What brave girls they are!

그들은 / 이다 / 정말 용감한 / 소녀들　　　정말 용감한 / 소녀들 / 그들은 / 이구나!

> **궁금해요!**
>
> 감탄문 만들 때 주의할 점은 무엇인가요?
> 1. 감탄문에서는 very와 really 같은 수식어를 생략하세요.
> 2. 감탄문 끝에 「주어 + 동사」는 생략이 가능해요.

What 감탄문: 명사 강조

명사 강조	셀 수 있는 명사(단수)	Jane is a very smart girl. Jane은 매우 똑똑한 소녀이다. → **What** a smart **girl** (Jane is)! (Jane은) 참 똑똑한 소녀구나!
	셀 수 있는 명사(복수) 셀 수 없는 명사	Those are really expensive shoes. 저것들은 정말 비싼 신발이다. → **What** expensive **shoes** (those are)! (저것들은) 참 비싼 신발이구나!

※ 감탄문에서 명사가 셀 수 있는 단수이면 형용사의 첫 글자의 발음에 따라 a나 an을 알맞게 붙여야 한다.

Answers p.21

 기.초.탄.탄

A 다음 중 알맞은 것을 고르세요.

1 (What / What a) tall girl she is!　　　매우 키가 큰 / 소녀 / 그녀는 / 이구나!

2 What (a / an) honest boy he was!　　　매우 정직한 / 소년 / 그는 / 이었구나!

3 What a funny idea (it is / is it)!　　　매우 재미있는 / 생각 / 그것은 / 이구나!

4 What (ugly / an ugly) ducks they are!　　　매우 못생긴 / 오리들 / 그것들은 / 이구나!

5 What foolish (men / man) they were!　　　매우 멍청한 / 남자들 / 그들은 / 이었구나!

기.본.탄.탄

A 우리말에 맞게 주어진 단어를 이용하여 문장을 완성하세요.

보기
big
exciting
brave
pretty
quiet

1 ____________ ____________ rooms they are!

매우 조용한 / 방들 / 그것들은 / 이구나!

2 ____________ a ____________ blouse it is!

매우 예쁜 / 블라우스 / 그것은 / 이구나!

3 ____________ an ____________ movie it was!

매우 신나는 / 영화 / 그것은 / 이었구나!

4 ____________ ____________ balloons these are!

매우 큰 / 풍선들 / 이것들은 / 이구나!

5 ____________ ____________ police officers they were!

매우 용감한 / 경찰관들 / 그들은 / 이었구나!

B 우리말에 맞게 주어진 단어를 이용하여 문장을 완성하세요.

1 ________________________ they were! (wonderful, photo)

그것들은 정말 멋진 사진들이었구나!

2 ________________________ it is! (beautiful, garden)

그것은 정말 예쁜 정원이구나!

3 ________________________ they are! (fast, runner)

그들은 매우 빠른 달리기 선수구나!

4 ________________________ he bought! (expensive, car)

그는 정말 비싼 자동차를 샀었구나!

5 ________________________ it was! (angry, voice)

그것은 매우 화난 목소리였구나!

★ 어휘 탄탄 ★

p ....

g ....

e ....

실.력.탄.탄

A 주어진 문장을 what으로 시작하는 감탄문으로 바꾸세요.

> **They are really expensive pictures.** 그것들은 정말 비싼 그림이다.
> → <u>What expensive pictures they are!</u>

1 It is a very delicious Korean dish. 그것은 참 맛있는 한국 요리이다.

→ _____

2 You are a very special girl. 너는 참 특별한 소녀이다.

→ _____

3 They have a really amazing machine. 그들은 정말 놀라운 기계를 갖고 있다.

→ _____

4 It was very strange weather. 날씨가 정말 이상했다.

→ _____

5 Daniel reads very boring books. Daniel은 매우 지루한 책들을 읽는다.

→ _____

B 주어진 단어를 알맞게 배열하세요.

1 너는 정말 멋진 계획을 가졌구나! (have, plan, nice, a, you, what)

→ _____

2 Nancy는 참 재미있는 학생이구나! (is, an, what, Nancy, student, interesting)

→ _____

3 그들은 정말 좋은 선생님들이구나! (teachers, good, what, are, they)

→ _____

4 저것은 매우 어려운 질문이구나! (a, what, is, question, that, difficult)

→ _____

5 정말 흥미진진한 날이구나! (an, day, it, what, is, exciting)

→ _____

d

m

w

p

d

q

영.작.탄.탄

A 우리말에 맞게 주어진 단어를 이용하여 문장을 완성하세요. (단, 「주어 + 동사」를 생략하지 마세요.)

What + a + 형용사 + 명사 ~!

1 그는 참 운이 좋은 남자구나! (lucky, man)

→ _____

l
....

2 Sue는 매우 상냥한 소녀구나! (sweet, girl)

→ _____

3 그것은 정말 무거운 상자구나! (heavy, box)

→ _____

h
....

4 그녀는 참 사랑스러운 강아지를 가지고 있구나! (lovely, puppy)

→ _____

What + an + 형용사 + 명사 ~!

5 그녀는 정말 훌륭한 음악가이구나! (excellent, musician)

→ _____

e
....

6 너는 매우 정직한 학생이구나! (honest, student)

→ _____

h
....

7 이것은 정말 쉬운 책이구나! (easy, book)

→ _____

What + 형용사 + 명사 ~!

8 그것들은 정말 오래된 인형들이구나! (old, doll)

→ _____

d
....

9 이것은 참 좋은 소식이구나! (great, news)

→ _____

10 그는 정말 귀여운 새끼고양이들을 가졌구나! (cute, kitten)

→ _____

k
....

Unit 03

how 감탄문

how 감탄문: How + 형용사/부사 (+ 주어 + 동사)!
그럼 '그 소녀는 아름답게 노래하는구나!'는 'How beautifully the girl sings!'일까?

He is very kind. → ┆How┆ kind **he is!**

그는 / 이다 / 매우 친절한   매우 친절한 / 그는 / 이구나

It finished really quickly. → ┆How┆ quickly **it finished!**

그것은 / 끝났다 / 정말 빨리   정말 빨리 / 그것이 / 끝났구나

how 감탄문: 형용사 / 부사 강조

형용사 강조	You are very beautiful. 너는 매우 예쁘다. → **How beautiful** (you are)! (너는) 정말 예쁘구나!
부사 강조	She walks really fast. 그녀는 정말 빨리 걷는다. → **How fast** (she walks)! (그녀는) 참 빨리 걷는구나!

※ how 감탄문의 핵심은 「주어 + 동사」 앞에 명사가 없다는 것이다.

Answers p.22

 기.초.탄.탄

A 다음 중 알맞은 것을 고르세요.

1 How (deep / very deep) his love is!   매우 깊은 / 그의 사랑이 / 이구나!

2 How (cold / a cold) the orange juice is!   매우 차가운 / 그 오렌지 주스는 / 이구나!

3 How small the (seed / seeds) were!   매우 작은 / 그 씨앗들 / 였구나!

4 How (shy / shyly) my sister was!   매우 수줍어하는 / 나의 여동생은 / 였구나!

5 How (good / well) the machine worked!   매우 잘 / 그 기계가 / 작동했구나!

A 우리말에 맞게 주어진 단어를 이용하여 문장을 완성하세요.

1 _____ _____ the soup was!

매우 뜨거운 / 그 수프는 / 였구나!

2 _____ _____ the rooms are!

매우 어두운 / 그 방들은 / 이구나!

3 _____ _____ the river is!

매우 넓은 / 그 강은 / 이구나!

4 _____ _____ his arms are!

매우 강한 / 그의 팔은 / 이구나!

5 _____ _____ the students were!

매우 시끄러운 / 그 학생들은 / 였구나!

보기
noisy
wide
dark
hot
strong

B 우리말에 맞게 주어진 단어를 이용하여 문장을 완성하세요. (단, 단어의 형태에 주의하세요.)

1 _____ _____ she studies! (hard)

그녀는 매우 열심히 공부하는구나!

2 _____ _____ he drives! (careful)

그는 매우 조심스럽게 운전하는구나!

3 _____ _____ the soldiers fight! (brave)

그 군인들은 매우 용감하게 싸우는구나!

4 _____ _____ the cheetah runs! (fast)

그 치타는 빠르게 달리는구나!

5 _____ _____ the frog jumps! (far)

그 개구리는 정말 멀리도 뛰는구나!

★ 어휘 탄탄 ★

s ....

f ....

f ....

실.력.탄.탄

A 주어진 문장을 how로 시작하는 감탄문으로 바꾸세요.

Hint

> **The man is very fat.** 그 남자는 매우 뚱뚱하다.
> → **How fat the man is!**

1 The story was very boring. 그 이야기는 매우 지루했다.

→ _____

2 The new cellphone was really small. 그 새로운 휴대전화는 정말 작았다.

→ _____

3 The students talked very loudly. 그 학생들은 매우 시끄럽게 떠들었다.

→ _____

4 The princess lived very happily. 그 공주는 매우 행복하게 살았다.

→ _____

5 The board game is really interesting. 그 보드게임은 매우 흥미롭다.

→ _____

B 주어진 단어를 알맞게 배열하세요.

1 그 배우는 매우 아름답게 미소를 지었구나! (beautifully, smiled, how, the actor)

→ _____

2 그 치즈는 정말 맛있었어! (was, delicious, the cheese, how)

→ _____

3 너는 정말 말을 빨리 할 수 있구나! (can, you, fast, how, speak)

→ _____

4 나의 책들은 정말 두껍구나! (my books, how, are, thick)

→ _____

5 그 비행기는 매우 일찍 도착했구나! (early, how, arrived, the airplane)

→ _____

b

c

p

a

d

s

영.작.탄.탄

A 우리말에 맞게 주어진 단어를 이용하여 문장을 완성하세요.

| How | + | 형용사 | ~! |

1 그 시험은 매우 어렵구나! (difficult, the test)

→ _____

c _____

2 나는 정말 멍청했구나! (foolish)

→ _____

3 그 교실들은 매우 깨끗하구나! (clean, the classrooms)

→ _____

c _____

4 너는 매우 영리하구나! (clever)

→ _____

5 그 음악가들은 정말 훌륭했구나! (great, the musicians)

→ _____

m _____

| How | + | 부사 | ~! |

6 그들은 매우 열심히 공부하는구나! (hard, study)

→ _____

b _____

7 그는 매우 빨리 먹을 수 있구나! (quickly, can eat)

→ _____

8 그 농구선수는 정말 높이 뛰는구나! (high, the basketball player, jump)

→ _____

j _____

9 그 달팽이는 매우 느리게 움직이는구나! (slowly, the snail, move)

→ _____

s _____

10 John은 파티에서 춤을 잘 췄구나! (well, dance, at the party)

→ _____

A 쌓여 있는 벽돌을 바르게 나열하여 그림에 알맞은 문장을 완성하세요.

| a |
| what |
| tall |
| is |
| he |
| boy |

| how |
| dog |
| the |
| small |
| runs |
| fast |

| what |
| expensive |
| an |
| car |
| is |
| this |

1 _____

2 _____

3 _____

B 우리말에 알맞게 퍼즐과 문장을 완성하세요.

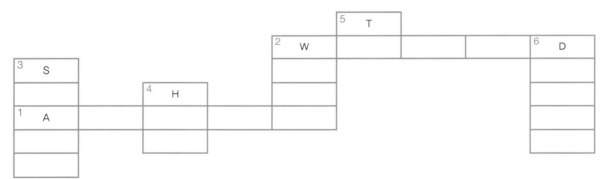

 Across →

1 How _____ doing the homework together? 그 숙제를 같이 하는 것이 어때?

2 _____ you like to drink some tea? 차를 좀 드시겠어요?

Down ↓

2 _____ about taking the guitar lesson? 그 기타 수업을 받는 게 어때?

3 _____ we take a walk in the park? 우리 공원에서 산책을 할까요?

4 _____ about eating some hamburgers? 햄버거를 먹는 게 어떨까?

5 Would you like _____ buy this book? 이 책을 사실래요?

6 Why _____ we watch a movie tonight? 오늘 밤에 영화를 하나 보는 것이 어때?

창의력 향상
워크북

A **[1-4]** 우리말에 알맞은 단어를 찾아 문장을 완성하세요.

Start ↓	Start ↓	Start ↓	Start ↓
the cabbage	I	Jim and I	he
takes	is	am	play
video games	a shower	in the 6th grade	in the refrigerator
now	after school	every day	

1 그 양배추는 냉장고 안에 있다.　→ The cabbage is in the refrigerator.

2 나는 지금 6학년이다.　→ _____

3 Jim과 나는 방과 후에 비디오게임을 한다.　→ _____

4 그는 매일 샤워를 한다.　→ _____

B **[5-10]** 주어진 단어를 이용하여 문장을 완성한 후 답으로 피라미드를 만드세요.
(Hint- 피라미드가 내려갈수록 답의 길이는 같거나 늘어나야 해요.)

5 Cathy는 운동장에 있다.

→ Cathy ____is____ in the playground. (be)

6 그들은 매우 예의 바르다.

→ They _____ very polite. (be)

7 나의 삼촌은 좋은 차를 가지고 있다.

→ My uncle _____ a nice car. (have)

8 나는 한 잔의 커피를 만든다.

→ I _____ a cup of coffee. (make)

9 캐나다 사람들은 영어와 불어를 한다.

→ Canadians _____ English and French. (speak)

10 Mary는 도서관에서 공부한다.

→ Mary _____ in the library. (study)

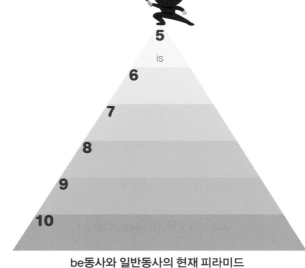

be동사와 일반동사의 현재 피라미드

A [1-5] 우리말에 알맞은 단어를 찾아 문장을 완성하세요.

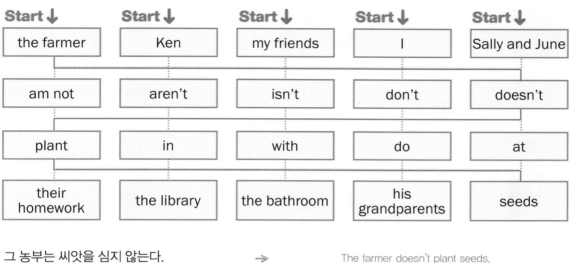

Start ↓	Start ↓	Start ↓	Start ↓	Start ↓
the farmer	Ken	my friends	I	Sally and June
am not	aren't	isn't	don't	doesn't
plant	in	with	do	at
their homework	the library	the bathroom	his grandparents	seeds

1 그 농부는 씨앗을 심지 않는다. → The farmer doesn't plant seeds.

2 Ken은 자신의 조부모님과 함께 있지 않다. → ________________

3 내 친구들은 도서관에 있지 않다. → ________________

4 나는 화장실에 있지 않다. → ________________

5 Sally와 June은 자신의 숙제를 하지 않는다. → ________________

B [6-10] 우리말에 맞도록 모든 문장을 완성하고 보드게임을 통해 답을 점검하세요.

6 나는 예술가가 아니다.
→ I a m n o t an artist. (be)
♡

7 어떤 사람들은 젓가락을 사용하지 않는다.
→ Some people _ _ _ _ _ _ _ _ chopsticks. (use)
★

8 그 길은 좁지 않다.
→ The road _ _ _ _ _ narrow. (be)
◈

9 그 잔디는 빨리 자라지 않는다.
→ The grass _ _ _ _ _ _ _ _ _ _ _ _ fast. (grow)
♧

10 그 책들은 두껍지 않다.
→ The books _ _ _ _ _ _ thick. (be)
♨

Start ↓

♡의 답이 i이면 ⇨ ☎로 이동 a이면 ⇨ ★로 이동	★ o이면 ⇨ ◈로 이동 s이면 ⇨ ♀로 이동
♧ n이면 ⇨ ♠로 이동 e이면 ⇨ ♨로 이동	♨ e이면 ⇨ ♬로 이동 s이면 ⇨ ♠로 이동
♀ 꽝! 답이 틀렸어요!	♠ 꽝! 답이 틀렸어요!
☎ 꽝! 답이 틀렸어요!	◈ i이면 ⇨ ♀로 이동 d이면 ⇨ ☎로 이동
♬ 축하합니다. Good job!	

A [1-5] 우리말에 알맞은 단어를 찾아 문장을 완성하세요.

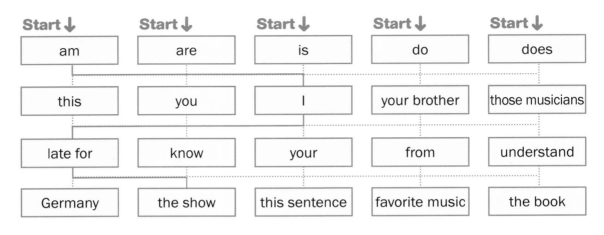

Start ↓	Start ↓	Start ↓	Start ↓	Start ↓
am	are	is	do	does
this	you	I	your brother	those musicians
late for	know	your	from	understand
Germany	the show	this sentence	favorite music	the book

1 제가 쇼에 늦었나요? → *Am I late for the show?*

2 저 음악가들은 독일에서 왔나요? → _____

3 이것이 당신이 가장 좋아하는 음악인가요? → _____

4 당신은 이 문장을 이해하나요? → _____

5 당신의 형은 그 책을 아나요? → _____

B [6-9] 문장에서 밑줄 친 부분을 바르게 고친 뒤 암호를 해독하세요.

6 <u>Are</u> you hear the noise?

7 <u>Does</u> that your passport?

8 Does the festival <u>starts</u> at 5?

9 <u>Do</u> you great scientists?

6 → D o
    우 ♠

7 → ___

8 → _ _ _ _ _ _
    ★

9 → _ _ _ _
    ♥

※ 일반동사의 의문문
  = Do / _ _ _ _ _ + 주어 + 동사원형 ～?
    우 ♠ ♥ ★

A [1-4] 우리말에 알맞은 단어를 찾아 문장을 완성하세요.

Start ↓	Start ↓	Start ↓	Start ↓
they	I	we	the food
	was	were	
so	ten years old	kind	close
doctors	delicious	friends	last year

1 그들은 친절한 의사들이었다. → _____

2 나는 작년에 10살이었다. → _____

3 우리는 친한 친구들이었다. → _____

4 그 음식은 매우 맛있었다. → _____

B [5-10] 우리말에 맞도록 모든 문장을 완성하고 보드게임을 통해 답을 점검하세요.

5 그는 유명한 우주비행사였다.

→ __ ___ ____ a famous astronaut. (he)
　　♠

6 그들은 같은 공장에 있었다.

→ _____ ____ in the same factory. (they)
　　　　♀

7 나는 경찰관이었다.

→ _ ____ a police officer. (I)
　♡

8 그 커피는 매우 뜨거웠다.

→ The _____ ___ so hot. (coffee)
　　　　★

9 그 승객들은 차 안에 있었다.

→ The _____ ____ in the car. (passenger)
　　　　♣

10 그 방들은 장난감으로 가득했다.

→ The _____ _____ full of toys. (room)
　　◆

Start ↓

♠ 의 답이 a이면 ⇨ 우로 이동 r이면 ⇨ ☎로 이동	☎ 꽝! 답이 틀렸어요!
♣ r이면 ⇨ ◆로 이동 e이면 ⇨ ☎로 이동	♨ 꽝! 답이 틀렸어요
♀ i이면 ⇨ ♨로 이동 e이면 ⇨ ♡로 이동	★ e이면 ⇨ ♨로 이동 s이면 ⇨ ♧로 이동
◆ a이면 ⇨ ☎로 이동 e이면 ⇨ ♫로 이동	♡ a이면 ⇨ ☎로 이동 w이면 ⇨ ★로 이동
♫ 축하합니다. Good job!	

A [1-5] 우리말에 알맞은 단어를 찾아 문장을 완성하세요.

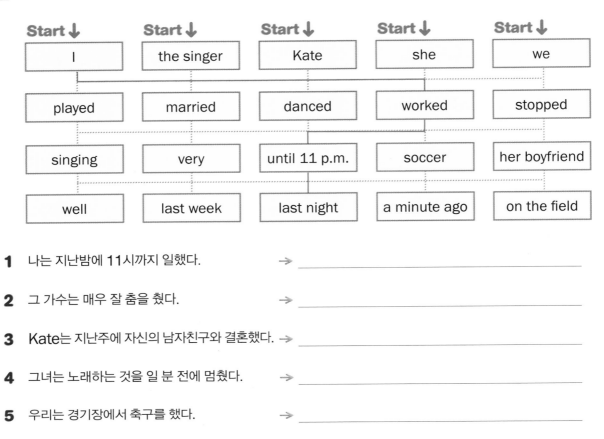

Start ↓	Start ↓	Start ↓	Start ↓	Start ↓
I	the singer	Kate	she	we
played	married	danced	worked	stopped
singing	very	until 11 p.m.	soccer	her boyfriend
well	last week	last night	a minute ago	on the field

1 나는 지난밤에 11시까지 일했다. → _____

2 그 가수는 매우 잘 춤을 췄다. → _____

3 Kate는 지난주에 자신의 남자친구와 결혼했다. → _____

4 그녀는 노래하는 것을 일 분 전에 멈췄다. → _____

5 우리는 경기장에서 축구를 했다. → _____

B [6-10] 주어진 단어를 이용하여 문장을 완성한 후 답으로 피라미드를 만드세요.
(Hint- 피라미드가 내려갈수록 답의 길이는 같거나 늘어나야 해요.)

6 나의 조부모님은 전쟁 동안에 돌아가셨다.

→ My grandparents _____ during the war. (die)

7 너의 여동생은 하루 종일 울었다.

→ Your sister _____ all day long. (cry)

8 그 여왕은 자신의 성에서 머물렀다.

→ The queen _____ in her castle. (stay)

9 그 소년은 그 축구공을 떨어뜨렸다.

→ The boy _____ the soccer ball. (drop)

10 Jill은 전화를 받았다.

→ Jill _____ the phone. (answer)

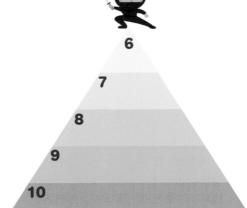

일반동사 과거 (규칙 변화) 피라미드

A [1-5] 우리말에 알맞은 단어를 찾아 문장을 완성하세요.

Start ↓	Start ↓	Start ↓	Start ↓	Start ↓
Ken	my mother	his uncle	Brad	I
came	put	brought	cut down	had
some	the tree	a kitten	the pie	back
on the table	delicious pizza	to Korea	home	3 days ago

1 Ken은 새끼고양이 하나를 집으로 데리고 왔다. → _____

2 나의 어머니는 그 파이를 식탁에 놓으셨다. → _____

3 그의 삼촌은 3일 전에 그 나무를 잘랐다. → _____

4 Brad는 한국으로 돌아왔다. → _____

5 나는 맛있는 피자를 먹었다. → _____

B [6-10] 우리말에 맞도록 모든 문장을 완성하고 보드게임을 통해 답을 점검하세요.

6 우리는 교복을 입었다.
→ We _ _ _ _ _ the school uniforms. (wear)
　　　♧

7 나는 지난밤 큰 소음을 들었다.
→ I _ _ _ _ _ _ a big noise last night. (hear)
　　♀

8 그 여자는 많은 드레스를 샀다.
→ The woman _ _ _ _ _ _ _ many dresses. (buy)
　　　　　♠

9 그 남자는 사실을 말했다.
→ The man _ _ _ _ _ the truth. (tell)
　　　　☎

10 한 아이가 동전 하나를 분수에 던졌다.
→ A child _ _ _ _ _ _ a coin into the fountain. (throw)
　　　　♨

Start ↓

♧ 의 답이 e이면 ⇨ ◈로 이동 o이면 ⇨ 우로 이동	♨ o이면 ⇨ ◈로 이동 e이면 ⇨ ♫로 이동
♡ 꽝! 답이 틀렸어요.	♀ d이면 ⇨ ♠로 이동 r이면 ⇨ ♡로 이동
◈ 꽝! 답이 틀렸어요.	★ 꽝! 답이 틀렸어요.
♠ e이면 ⇨ ★로 이동 g이면 ⇨ ☎로 이동	☎ e이면 ⇨ ♡로 이동 o이면 ⇨ ♨로 이동
♫ 축하합니다. Good job!	

A [1-4] 우리말에 알맞은 단어를 찾아 문장을 완성하세요.

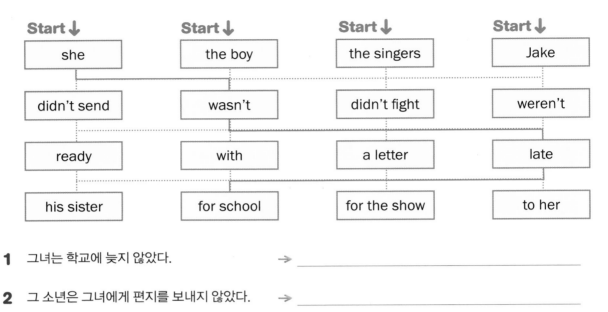

Start ↓	Start ↓	Start ↓	Start ↓
she	the boy	the singers	Jake
didn't send	wasn't	didn't fight	weren't
ready	with	a letter	late
his sister	for school	for the show	to her

1 그녀는 학교에 늦지 않았다. → _____

2 그 소년은 그녀에게 편지를 보내지 않았다. → _____

3 그 가수들은 쇼를 위한 준비가 되지 않았다. → _____

4 Jake는 자신의 여동생과 싸우지 않았다. → _____

B [5-10] 주어진 단어를 이용하여 문장을 완성한 후 답으로 피라미드를 만드세요.
(Hint- 피라미드가 내려갈수록 답의 길이는 같거나 늘어나야 해요.)

5 그는 시장에 없었다.

→ He _____ at the market. (be)

6 우리는 같은 반에 없었다.

→ We _____ in the same class. (be)

7 그 카메라들을 고장 나지 않았었다.

→ The cameras _____ _____ broken. (be)

8 나는 새로운 TV를 사지 않았다.

→ I _____ _____ a new TV. (buy)

9 너는 어젯밤 내게 전화하지 않았다.

→ You _____ _____ me last night. (call)

10 그들은 그 배구경기를 보지 않았다.

→ They _____ _____ _____
the volleyball game. (watch)

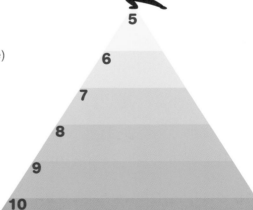

과거 시제의 부정문 피라미드

A [1-5] 우리말에 알맞은 단어를 찾아 문장을 완성하세요.

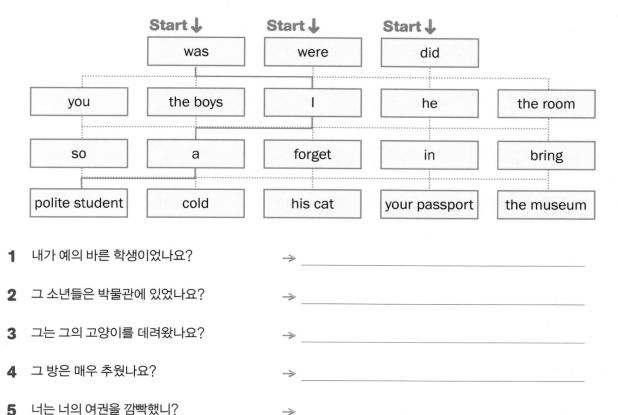

Start ↓	Start ↓	Start ↓
was	were	did

you	the boys	I	he	the room
so	a	forget	in	bring
polite student	cold	his cat	your passport	the museum

1 내가 예의 바른 학생이었나요? → _____

2 그 소년들은 박물관에 있었나요? → _____

3 그는 그의 고양이를 데려왔나요? → _____

4 그 방은 매우 추웠나요? → _____

5 너는 너의 여권을 깜빡했니? → _____

B [6-9] 문장에서 밑줄 친 부분을 바르게 고친 뒤 암호를 해독하세요.

6 <u>Was</u> the scissors sharp?

7 Did they <u>invited</u> you to their house?

8 Did she <u>leaves</u> a message?

9 <u>Do</u> they <u>studies</u> hard yesterday?

6 → ___ ___ ___ ___
　　♠

7 → ___ ___ ___ ___ ___ ___ ___ ___
　　　　　★

8 → ___ ___ ___ ___ ___
　　　　♀

9 → ___ ___ ___ ___ , ___ ___ ___ ___ ___
　　　　♥　　　　　♣

※ 과거 시제 의문문

= _____ / were + 주어 ～?
　♠ ♀ ♥

= _____ + 주어 + 동사원형 ～?
　♣ ★ ♣

A **[1-5]** 우리말에 알맞은 단어를 찾아 문장을 완성하세요.

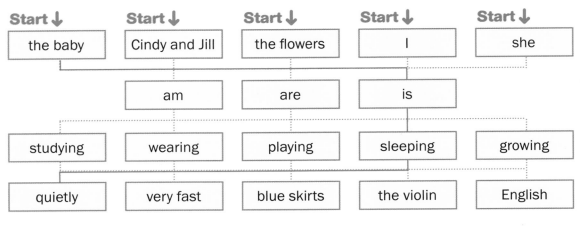

Start ↓	Start ↓	Start ↓	Start ↓	Start ↓
the baby	Cindy and Jill	the flowers	I	she

	am	are	is	

studying	wearing	playing	sleeping	growing

quietly	very fast	blue skirts	the violin	English

1 그 아기는 조용히 자고 있다. → _____

2 Cindy와 Jill은 파란색 치마를 입고 있다. → _____

3 그 꽃들은 매우 빠르게 자라고 있다. → _____

4 나는 바이올린을 연주하고 있다. → _____

5 그녀는 영어를 공부하고 있다. → _____

B **[6-9]** 문장에서 밑줄 친 부분을 바르게 고친 뒤 암호를 해독하세요.

6 The police officers are <u>moveing</u> together.

7 The passengers are <u>standding</u> in line.

8 We are <u>joging</u> in the park.

9 The student is <u>lieing</u>.

6 → _ _ _ _ _ _

7 → _ _ _ _ _ _ _ _ _
　　　　♥

8 → _ _ _ _ _ _
　　　♀

9 → _ _ _ _ _ _
　　　♠

※ 동사의 진행형 = 동사원형 + _ _ _ _
　　　　　　　　　　　　　　♠ ♥ ♀

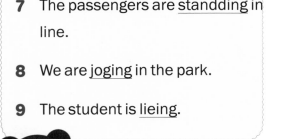

A [1-4] 우리말에 알맞은 단어를 찾아 문장을 완성하세요.

Start ↓	Start ↓	Start ↓	Start ↓
the farmer	they	I	my friend and I

am	are	is

selling	counting	sitting	traveling

on the sofa	vegetables at the market	all around the world	his chickens

1 그 농부는 자신의 닭의 수를 세고 있다. → _____

2 그들은 시장에서 채소를 팔고 있다. → _____

3 나는 전 세계를 여행하고 있다. → _____

4 내 친구와 나는 소파에 앉아 있다. → _____

B [5-10] 우리말에 맞도록 모든 문장을 완성하고 보드게임을 통해 답을 점검하세요.

5 그녀는 주방을 청소하고 있다.
→ She __ _____ the kitchen. (clean)
♠

6 그들은 영어를 공부하고 있다.
→ They ____ _____ English. (study)
♀

7 그 야구 선수는 공을 치고 있다.
→ The baseball player __ _____ the ball. (hit)
♡

8 나는 바다에서 수영을 하고 있다.
→ I __ _____ in the sea. (swim)
★

9 Joy는 자신의 머리를 뒤로 묶고 있다.
→ Joy __ _____ her hair back. (tie)
♣

10 그는 Lucy와 악수하고 있다.
→ He __ _____ hands with Lucy. (shake)
◆

Start ↓

♠ 의 답이 n이면 ⇨ 우로 이동 e이면 ⇨ ☎ 로 이동	☎ 꽝! 답이 틀렸어요!
♣ y이면 ⇨ ◆로 이동 i이면 ⇨ ☎ 로 이동	♨ 꽝! 답이 틀렸어요!
♀ i이면 ⇨ ♨ 로 이동 y이면 ⇨ ♡로 이동!	★ i이면 ⇨ ♨ 로 이동 m이면 ⇨ ♣ 로 이동
◆ a이면 ⇨ ☎ 로 이동 i이면 ⇨ ♫ 로 이동	♡ i이면 ⇨ ☎ 로 이동 t이면 ⇨ ★로 이동
♫ 축하합니다. Good job!	

A **[1-4]** 우리말에 알맞은 단어를 찾아 문장을 완성하세요.

Start ↓	Start ↓	Start ↓	Start ↓
I	the bees	the singer	the children
	was	were	
running	writing	flying	crying
at her concert	around the flowers	to the house	a thank-you card

1 나는 감사편지를 쓰고 있었다. → _____

2 그 벌들은 그 꽃들 주위를 날고 있었다. → _____

3 그 가수는 자신의 콘서트에서 울고 있었다. → _____

4 아이들은 집으로 달리고 있었다. → _____

B **[5-10]** 주어진 단어를 이용하여 문장을 완성한 후 답으로 피라미드를 만드세요.
(Hint- 피라미드가 내려갈수록 답의 길이는 같거나 늘어나야 해요.)

5 그녀는 커피를 만들고 있었다.

→ She _____ _____ some coffee. (make)

6 그 선생님은 칠판에 정사각형을 그리고 있었다.

→ The teacher _____ _____ a square on the board. (draw)

7 그 고양이는 1분 전에 파리 한 마리를 잡고 있었다.

→ The cat _____ _____ a fly a minute ago. (catch)

8 우리들은 정오에 햇볕을 즐기고 있었다.

→ We _____ _____ the sun at noon. (enjoy)

9 Tim과 나는 책을 빌리고 있었다.

→ Tim and I _____ _____ books. (borrow)

10 그들은 체육관에서 운동하고 있었다.

→ They _____ _____ in the gym. (exercise)

5
6
7
8
9
10

과거진행의 피라미드

A [1-5] 우리말에 알맞은 단어를 찾아 문장을 완성하세요.

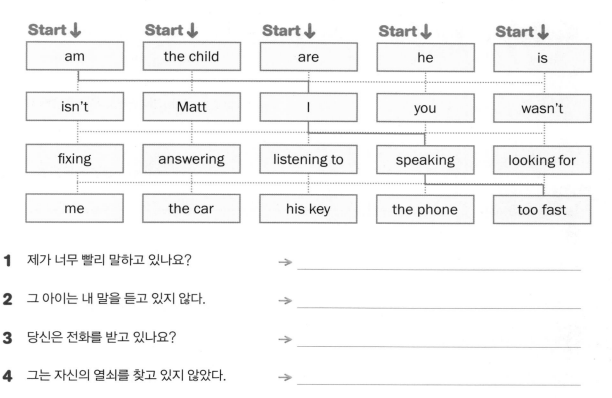

Start ↓	Start ↓	Start ↓	Start ↓	Start ↓
am	the child	are	he	is
isn't	Matt	I	you	wasn't
fixing	answering	listening to	speaking	looking for
me	the car	his key	the phone	too fast

1 제가 너무 빨리 말하고 있나요? → _____

2 그 아이는 내 말을 듣고 있지 않다. → _____

3 당신은 전화를 받고 있나요? → _____

4 그는 자신의 열쇠를 찾고 있지 않았다. → _____

5 Matt는 그 차를 고치고 있나요? → _____

B [6-9] 문장에서 밑줄 친 부분을 바르게 고친 뒤 암호를 해독하세요.

6 I am not <u>go</u> to the library.

7 Am I <u>write</u> this word correctly?

8 <u>Was</u> Sue and Mary riding bikes?

9 My parents <u>isn't</u> making pizza.

6 → _ _ _ _ _
　　　♠

7 → _ _ _ _ _ _ _
　　　　♥

8 → _ _ _ _ _

9 → _ _ _ _ _ _ _ _ (축약형)
　　　♀

※ 진행형의 부정문 = be동사 + _____ + 동사원형-ing
　　　　　　　　　♀ ♠ ♥

※ 진행형의 의문문
　　= Be동사 + 주어 + 동사원형-ing ~?

A [1-5] 우리말에 알맞은 단어를 찾아 문장을 완성하세요.

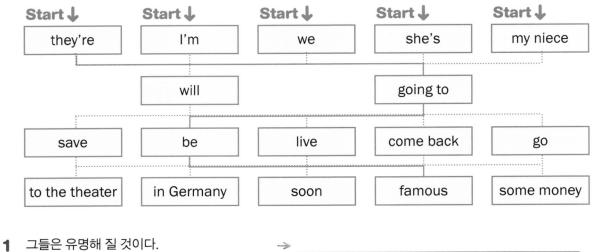

Start ↓	Start ↓	Start ↓	Start ↓	Start ↓
they're	I'm	we	she's	my niece

| | will | | going to | |

| save | be | live | come back | go |

| to the theater | in Germany | soon | famous | some money |

1 그들은 유명해 질 것이다. → _____

2 나는 곧 돌아올 것이다. → _____

3 우리는 그 극장에 갈 것이다. → _____

4 그녀는 약간의 돈을 모을 것이다. → _____

5 나의 여자조카는 독일에서 살 것이다. → _____

B [6-9] 문장에서 밑줄 친 부분을 바르게 고친 뒤 암호를 해독하세요.

> **6** He will <u>is</u> late for school.
>
> **7** They will <u>arriving</u> here by 5 o'clock.
>
> **8** I am going <u>drink</u> a lot of water.
>
> **9** He's going to <u>goes</u> hiking next Sunday.

6 → _ _

7 → _ _ _ _ _ _
　　　♥

8 → _ _ _ _ _ _ _ _
　　♀　　　★

9 → _ _
　　♠

※ 미래 시제 = will + 동사원형

= be _ _ _ _ _ _ to + 동사원형
♠ ♀ ♥ ★ ♠

A [1-5] 우리말에 알맞은 단어를 찾아 문장을 완성하세요.

Start ↓	Start ↓	Start ↓	Start ↓	Start ↓
we	he's	you	they're	I'm

	won't		not going to	
buy	open	sleep	lose	ride
the game	horses	a new car	the window	tonight

1 우리는 말을 타지 않을 것이다.　→ _____

2 그는 새 자동차를 사지 않을 것이다.　→ _____

3 너는 경기에서 지지 않을 것이다.　→ _____

4 그들은 오늘 밤에 잠을 자지 않을 것이다.　→ _____

5 나는 창문을 열지 않을 것이다.　→ _____

B [6-10] 주어진 단어를 이용하여 문장을 완성한 후 답으로 피라미드를 만드세요.
(Hint- 피라미드가 내려갈수록 답의 길이는 같거나 늘어나야 해요.)

6 우리는 그 음악 수업을 듣지 않을 것이다.

→ We _____ _____ the music class. (take)

7 그는 과학을 가르치지 않을 것이다.

→ He _____ _____ _____ science. (teach)

8 Mark는 내일 교회에 가지 않을 것이다.

→ Mark _____ _____ _____ to church tomorrow. (go)

9 나는 그 댄스동아리에 가입하지 않을 것이다.

→ I _____ _____ _____ _____ the dance club. (join)

10 내 이웃들은 다음 주에 이사 가지 않을 것이다.

→ My neighbors _____ _____ _____ _____ next week. (move)

미래 시제의 부정문 피라미드

A **[1-5]** 우리말에 알맞은 단어를 찾아 문장을 완성하세요.

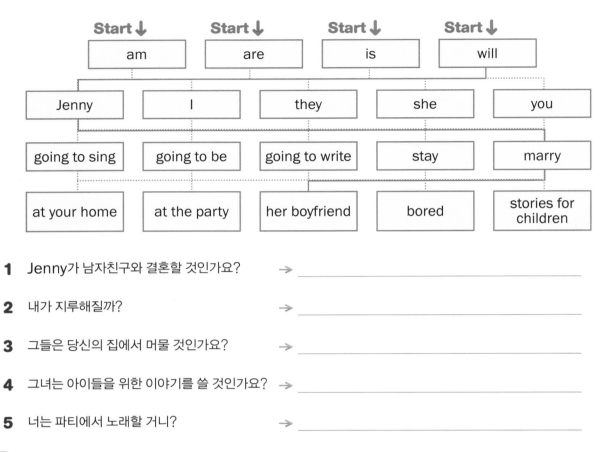

1 Jenny가 남자친구와 결혼할 것인가요? → _____

2 내가 지루해질까? → _____

3 그들은 당신의 집에서 머물 것인가요? → _____

4 그녀는 아이들을 위한 이야기를 쓸 것인가요? → _____

5 너는 파티에서 노래할 거니? → _____

B **[6-10]** 우리말에 맞도록 모든 문장을 완성하고 보드게임을 통해 답을 점검하세요.

6 내일 비가 올까요?

→ Is it going to _____ tomorrow? (rain)
　　　　　　　　★

7 그 학생들이 애완동물을 데리고 올 것인가요?

→ Will the students _____ their pets? (bring)
　　　　　　　　　　♀

8 내가 많은 친구들을 사귈까?

→ Am I going ___ _____ a lot of friends? (make)
　　　　　　♨

9 설거지를 해 주겠니?

→ _____ _____ the dishes? (wash)
　♠

10 우리가 벽을 칠할 것인가요?

→ ___ ___ _____ ___ _____ the walls? (paint)
　　　　　　☎

Start ↓

★ 의 답이 n이면 ⇨ 우로 이동 s이면 ⇨ ♨로 이동	◆ 꽝! 답이 틀렸어요.
♨ t이면 ⇨ ♠로 이동 m이면 ⇨ ◆로 이동	♡ 꽝! 답이 틀렸어요.
♀ g이면 ⇨ ♨로 이동 s이면 ⇨ ♡로 이동	♠ a이면 ⇨ ♡로 이동 w이면 ⇨ ☎로 이동
☎ p이면 ⇨ ◆로 이동 o이면 ⇨ ♫로 이동	♣ 꽝! 답이 틀렸어요.

♫
축하합니다.
Good job!

Chapter 5

Unit 1 형용사의 의미와 쓰임

정.리.탄.탄

A [1-5] 우리말에 알맞은 단어를 찾아 문장을 완성하세요.

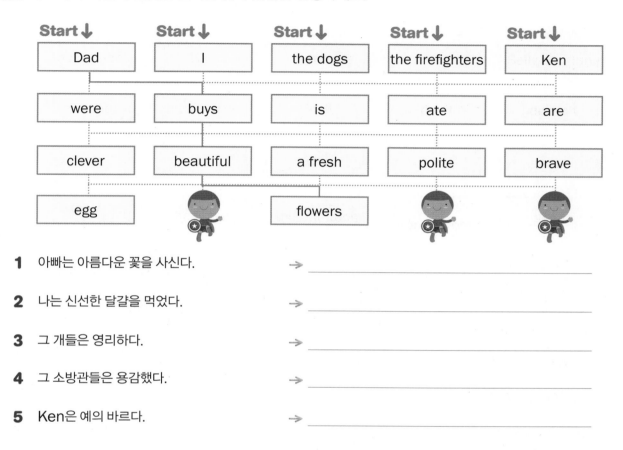

Start ↓	Start ↓	Start ↓	Start ↓	Start ↓
Dad	I	the dogs	the firefighters	Ken
were	buys	is	ate	are
clever	beautiful	a fresh	polite	brave
egg		flowers		

1 아빠는 아름다운 꽃을 사신다. → _____

2 나는 신선한 달걀을 먹었다. → _____

3 그 개들은 영리하다. → _____

4 그 소방관들은 용감했다. → _____

5 Ken은 예의 바르다. → _____

B [6-10] 우리말에 알맞게 문장을 완성한 후 답으로 피라미드를 만드세요.
(Hint- 피라미드가 내려갈수록 답의 길이는 같거나 늘어나야 해요.)

6 그녀는 수줍은 소녀이다.

→ She is a _____ girl.

7 이것들은 얇은 젓가락들이다.

→ These are _____ chopsticks.

8 그 달리기 선수들을 피곤했다.

→ The runners were _____.

9 그는 유명한 작가이다.

→ He is a _____ writer.

10 Jake는 나에게 어리석은 질문들을 했다.

→ Jake asked me _____ questions.

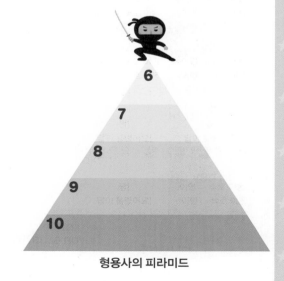

형용사의 피라미드

A [1-5] 우리말에 알맞은 단어를 찾아 문장을 완성하세요.

Start ↓	Start ↓	Start ↓	Start ↓	Start ↓
we	she	he	I	there
received	don't have	were	doesn't put	had
many	any	little	few	much
time	rain	children	sugar	letters
last summer	now	in the park	in her coffee	from his fans

1 우리는 지난여름에 비가 거의 내리지 않았다. → _____

2 그녀는 자신의 커피에 어떤 설탕도 넣지 않는다. → _____

3 그는 팬들에게서 많은 편지를 받았다. → _____

4 나는 지금 많은 시간이 없다. → _____

5 공원에 아이들이 거의 없었다. → _____

B [6-10] 우리말에 맞도록 모든 문장을 완성하고 보드게임을 통해 답을 점검하세요.

Start ↓

6 우리는 식용유가 좀 필요해.

→ We need _ _ _ _ _ cooking oil.
　　　　　★

7 그 학생들은 몇몇 질문이 있었다.

→ The students had _ _ _ _ _ questions.
　　　　　　　　　♀

8 그 바구니에는 많은 가지들이 있다.

→ There are _ _ _ _ _ _ _ eggplants in the basket.
　　　　　　　♨

9 그들은 매일 많은 우유를 마신다.

→ They drink _ _ _ _ _ _ _ milk every day.
　　　　　　　♠

10 그녀는 약간의 버터를 사용했다.

→ She used _ _ _ _ _ _ _ _ butter.
　　　　　　　☎

★의 답이 s이면 ⇨ 우로 이동 m이면 ⇨ ♨로 이동	◈ 꽝! 답이 틀렸어요.
♨ s이면 ⇨ ♠로 이동 y이면 ⇨ ◈로 이동	♡ 꽝! 답이 틀렸어요.
♀ w이면 ⇨ ♨로 이동 y이면 ⇨ ♡로 이동	♠ f이면 ⇨ ♡로 이동 i이면 ⇨ ☎로 이동
☎ f이면 ⇨ ◈로 이동 e이면 ⇨ ♫로 이동	♣ 꽝! 답이 틀렸어요.
♫ 축하합니다. Good job!	

A [1-5] 우리말에 알맞은 단어를 찾아 문장을 완성하세요.

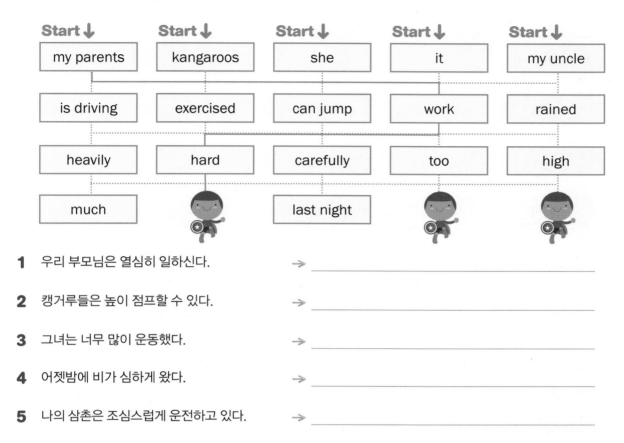

Start ↓	Start ↓	Start ↓	Start ↓	Start ↓
my parents	kangaroos	she	it	my uncle
is driving	exercised	can jump	work	rained
heavily	hard	carefully	too	high
much		last night		

1 우리 부모님은 열심히 일하신다. → _____

2 캥거루들은 높이 점프할 수 있다. → _____

3 그녀는 너무 많이 운동했다. → _____

4 어젯밤에 비가 심하게 왔다. → _____

5 나의 삼촌은 조심스럽게 운전하고 있다. → _____

B [6-9] 문장에서 밑줄 친 부분을 바르게 고친 뒤 암호를 해독하세요.

6 My friends and I talked <u>honest</u>.

7 Thomas is <u>real</u> good at music.

8 The woman is walking <u>fastly</u>.

9 He came <u>lately</u> to the show.

6 → _ _ _ _ _ _ _ _

7 → _ _ _ _ _ _ _
   ★

8 → _ _ _ _ _

9 → _ _ _ _ _
   ♥

※ 대부분의 부사: 형용사 + _ _
   ♥ ★

A **[1-5]** 우리말에 알맞은 단어를 찾아 문장을 완성하세요.

Start ↓	Start ↓	Start ↓	Start ↓	Start ↓
the nurse is	I	Ally	we can	she
never	sometimes	usually	often	always
draws	kind	visit	play	cleans
soccer after school	my grandparents	her room alone	a picture for me	to me

1 그 간호사는 나에게 항상 친절하다. → _____

2 나는 종종 나의 조부모님을 방문한다. → _____

3 Ally는 가끔 나를 위해 그림을 그린다. → _____

4 우리는 보통 방과 후에 축구를 할 수 있다. → _____

5 그녀는 절대 자기 방을 혼자 청소하지 않는다. → _____

B **[6-10]** 우리말에 알맞게 문장을 완성한 후 답으로 피라미드를 만드세요.
(Hint- 피라미드가 내려갈수록 답의 길이는 같거나 늘어나야 해요.)

6 그들은 종종 직장에 지각한다.

→ They are _____ late for work.

7 우리는 결코 너를 떠나지 않을 거야.

→ We will _____ leave you.

8 Norah는 항상 자신의 개랑 산책을 한다.

→ Norah _____ takes a walk with her dog.

9 Tim과 나는 대개 금요일마다 영화를 본다.

→ Tim and I _____ watch movies on Fridays.

10 Kevin은 때때로 우리에게 편지를 쓴다.

→ Kevin _____ writes a letter to us.

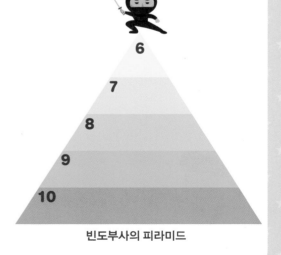

빈도부사의 피라미드

A [1-5] 우리말에 알맞은 단어를 찾아 문장을 완성하세요.

Start ↓	Start ↓	Start ↓	Start ↓	Start ↓
I	you	skiing	his health	planes
are	ate	can dance	is	got
worse than	more exciting than	more than	better than	faster than
the ballerina	trains	before	Andy	swimming

1 나는 Andy보다 더 먹었다. → _____

2 너는 그 발레리나보다 춤을 더 잘 출 수 있다. → _____

3 스키 타는 것은 수영하는 것보다 더 신난다. → _____

4 그의 건강은 이전보다 더 나빠졌다. → _____

5 비행기들은 기차들보다 더 빠르다. → _____

B [6-9] 문장에서 밑줄 친 부분을 바르게 고친 뒤 암호를 해독하세요.

6 0.5 is <u>more little</u> than this number.

7 His house became <u>cheap</u> than hers.

8 This jump rope is <u>long then</u> mine.

9 This question is more <u>difficulter</u> than that one.

6 → _ _ _ _ _

7 → _ _ _ _ _ _ _
　　　★　♣

8 → _ _ _ _ _ _ _ 　_ _ _ _ _
　　　♠

9 → _ _ _ _ _ _ _ _ _ _
　　　　　　　♥

※ 비교급: 형용사/부사(-er) + _ _ _ _
　　　　　　　♥★♣♠

A **[1-5]** 우리말에 알맞은 단어를 찾아 문장을 완성하세요.

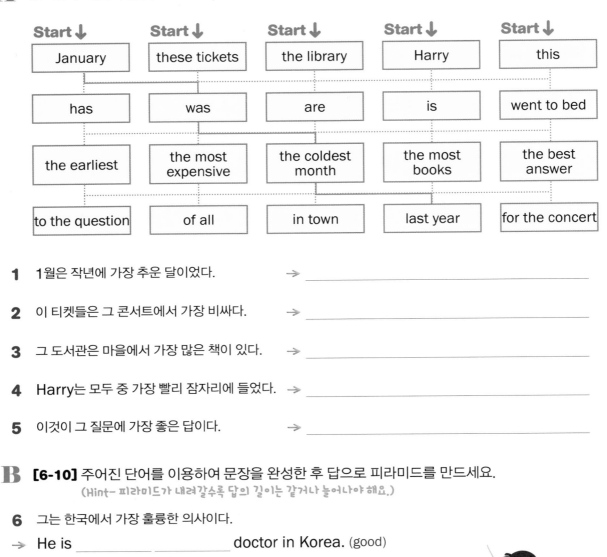

Start ↓	Start ↓	Start ↓	Start ↓	Start ↓
January	these tickets	the library	Harry	this
has	was	are	is	went to bed
the earliest	the most expensive	the coldest month	the most books	the best answer
to the question	of all	in town	last year	for the concert

1 1월은 작년에 가장 추운 달이었다. → _____

2 이 티켓들은 그 콘서트에서 가장 비싸다. → _____

3 그 도서관은 마을에서 가장 많은 책이 있다. → _____

4 Harry는 모두 중 가장 빨리 잠자리에 들었다. → _____

5 이것이 그 질문에 가장 좋은 답이다. → _____

B **[6-10]** 주어진 단어를 이용하여 문장을 완성한 후 답으로 피라미드를 만드세요.
(Hint- 피라미드가 내려갈수록 답의 길이는 같거나 늘어나야 해요.)

6 그는 한국에서 가장 훌륭한 의사이다.

→ He is _____ _____ doctor in Korea. (good)

7 Greg는 모든 선수들 중에서 가장 높게 뛰었다.

→ Greg jumped _____ _____ of all the players. (high)

8 그 소들은 이 농장에서 가장 뚱뚱하다.

→ The cows are _____ _____ on this farm. (fat)

9 나의 딸은 학교에서 가장 예쁜 소녀이다.

→ My daughter is _____ _____ girl in her school. (pretty)

10 그 가수는 미국에서 가장 인기 있다.

→ The singer is _____ _____ in America. (popular)

최상급 피라미드

A [1-5] 우리말에 알맞은 단어를 찾아 문장을 완성하세요.

Start ↓	Start ↓	Start ↓	Start ↓	Start ↓
the boy	my sister	her hair	the tulips	James
are not	is	studied	eats	doesn't drive
as hard as	as pretty as	as much as	as safely as	as dark as
the roses	his father does	my dad	mine	I did

1 그 소년은 아버지가 먹는 만큼 많이 먹는다. → _____

2 나의 누나는 아빠만큼 안전하게 운전하지 않는다. → _____

3 그녀의 머리색은 내 것만큼 어둡다. → _____

4 그 튤립들은 그 장미들만큼 예쁘지 않다. → _____

5 James는 나만큼 열심히 공부했다. → _____

B [6-10] 우리말에 맞도록 모든 문장을 완성하고 보드게임을 통해 답을 점검하세요.

6 그 버스는 달팽이만큼 느리게 움직인다.

→ The bus moves __ __ slowly as a snail.
♠

7 너는 캥거루만큼 높게 뛸 수 없다.

→ You cannot jump as high ___ a kangaroo.
♣

8 이번 여름은 지난여름만큼 덥지 않다.

→ This summer is ____ as hot as last summer.
☎

9 나의 신발은 너의 것만큼 비싸지 않다.

→ My shoes aren't as _____ as yours.
◆

10 내 친구들은 나만큼 빨리 점심을 먹지 않는다.

→ My friends don't eat lunch as _____ as I do.
★

Start ↓

♠ 의 답이 a이면 ⇨ ♨로 이동 t이면 ⇨ 우로 이동	☎ o이면 ⇨ 우로 이동 t이면 ⇨ ◆로 이동
★ k이면 ⇨ ♨로 이동 y이면 ⇨ ♫로 이동	♨ 꽝! 답이 틀렸어요.
♀ 꽝! 답이 틀렸어요.	♣ s이면 ⇨ ♡로 이동 a이면 ⇨ ☎로 이동
◆ e이면 ⇨ ★로 이동 c이면 ⇨ ♡로 이동	♡ 꽝! 답이 틀렸어요.

♫
축하합니다.
Good job!

A **[1-5]** 우리말에 알맞은 단어를 찾아 문장을 완성하세요.

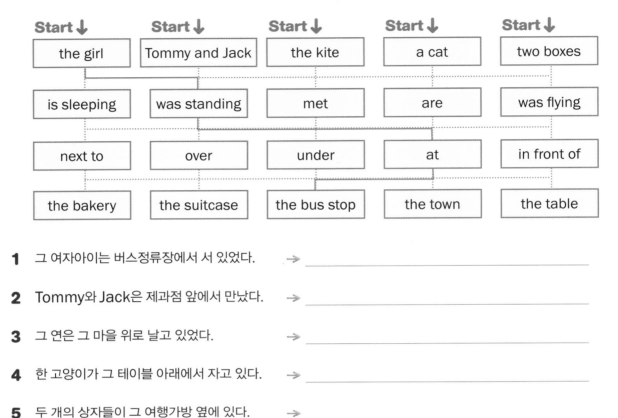

Start ↓	Start ↓	Start ↓	Start ↓	Start ↓
the girl	Tommy and Jack	the kite	a cat	two boxes
is sleeping	was standing	met	are	was flying
next to	over	under	at	in front of
the bakery	the suitcase	the bus stop	the town	the table

1 그 여자아이는 버스정류장에서 서 있었다. → _____

2 Tommy와 Jack은 제과점 앞에서 만났다. → _____

3 그 연은 그 마을 위로 날고 있었다. → _____

4 한 고양이가 그 테이블 아래에서 자고 있다. → _____

5 두 개의 상자들이 그 여행가방 옆에 있다. → _____

B **[6-9]** 문장에서 밑줄 친 부분을 바르게 고친 뒤 암호를 해독하세요.

6 There are newspapers in <u>front</u> the door.

7 A police car suddenly stopped behind <u>we</u>.

8 There was a coin <u>in</u> the floor.

9 There was a bug <u>back</u> the curtain.

6 → __ __ __ __ __ __ __ __
     ♠

7 → __ __
    ★

8 → __ __
    ☎

9 → __ __ __ __ __ __
    ♥   ♣

※ 장소 전치사: in front of ↔ behind

over ↔ _____
    ★ ☎ ♣ ♥ ♠

A

[1-5] 우리말에 알맞은 단어를 찾아 문장을 완성하세요.

Start ↓	Start ↓	Start ↓	Start ↓	Start ↓
Kelly and I	they	she	I	my sister
doesn't eat	will throw	was	stayed	should return
the books	born	there	anything	a party
on	for	by	in	at
night	April 5th	July	tomorrow	2 days

1 Kelly와 나는 이틀 동안 거기서 머물렀다. → _____

2 그들은 내일까지 그 책들을 반납해야 한다. → _____

3 그녀는 밤에 아무것도 먹지 않는다. → _____

4 나는 4월 5일에 파티를 열 것이다. → _____

5 나의 여동생은 7월에 태어났다. → _____

B

[6-10] 우리말에 맞도록 모든 문장을 완성하고 보드게임을 통해 답을 점검하세요.

6 너는 이 책을 화요일까지 읽어야 한다.

→ You have to read this book ___ Tuesday.
☎

7 Amy는 오전에 세 개의 수업이 있다.

→ Amy has three classes ___ the morning.
♀

8 1시 정각에 만나자.

→ Let's meet ___ 1 o'clock.
♡

9 Rob은 3년 동안 영국에서 공부할 것이다.

→ Rob will study in England ___ 3 years.
♣

10 Julie는 금요일에 그 의사를 만났다.

→ Julie saw the doctor ___ Friday.
♠

Start ↓

☎ 의 답이 n이면 ⇨ ◆로 이동 y이면 ⇨ ♀로 이동	♡ a이면 ⇨ ♨로 이동 i이면 ⇨ ★로 이동
♣ f이면 ⇨ ♠로 이동 b이면 ⇨ ♨로 이동	♀ o이면 ⇨ ♨로 이동 i이면 ⇨ ♡로 이동
★ 꽝! 답이 틀렸어요.	◆ 꽝! 답이 틀렸어요.
♠ i이면 ⇨ ◆로 이동 o이면 ⇨ ♫로 이동	♨ 꽝! 답이 틀렸어요.

♫
축하합니다.
Good job!

A **[1-5]** 우리말에 알맞은 단어를 찾아 문장을 완성하세요.

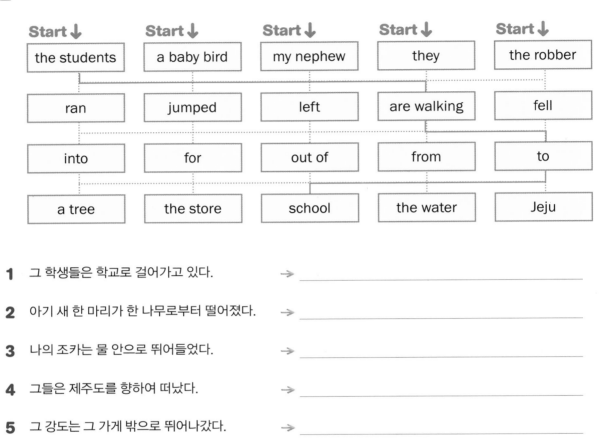

Start ↓	Start ↓	Start ↓	Start ↓	Start ↓
the students	a baby bird	my nephew	they	the robber
ran	jumped	left	are walking	fell
into	for	out of	from	to
a tree	the store	school	the water	Jeju

1 그 학생들은 학교로 걸어가고 있다. → _____

2 아기 새 한 마리가 한 나무로부터 떨어졌다. → _____

3 나의 조카는 물 안으로 뛰어들었다. → _____

4 그들은 제주도를 향하여 떠났다. → _____

5 그 강도는 그 가게 밖으로 뛰어나갔다. → _____

B **[6-10]** 우리말에 알맞게 문장을 완성한 후 답으로 피라미드를 만드세요.
(Hint- 피라미드가 내려갈수록 답의 길이는 같거나 늘어나야 해요.)

6 우리는 수원으로 이사했다.

→ We moved _____ Suwon.

7 그 물이 파이프로부터 나오고 있다.

→ The water is coming _____ the pipe.

8 나의 친구와 나는 그 길을 따라서 달리고 있다.

→ My friends and I are running _____ the street.

9 하늘을 가로질러 무지개 하나가 있다.

→ There is a rainbow _____ the sky.

10 그 쥐들은 벽에 있는 그 구멍을 통해서 지나갔다.

→ The mice passed _____ the hole on the wall.

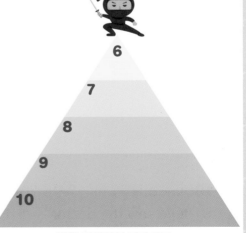

방향 전치사의 피라미드

A [1-5] 우리말에 알맞은 단어를 찾아 문장을 완성하세요.

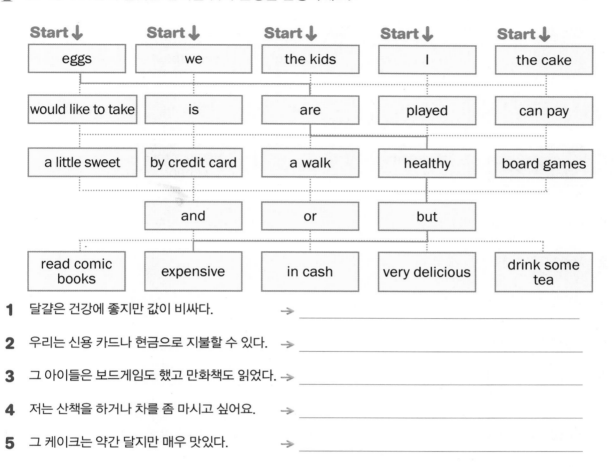

Start ↓	Start ↓	Start ↓	Start ↓	Start ↓
eggs	we	the kids	I	the cake
would like to take	is	are	played	can pay
a little sweet	by credit card	a walk	healthy	board games
	and	or	but	
read comic books	expensive	in cash	very delicious	drink some tea

1 달걀은 건강에 좋지만 값이 비싸다. → _____

2 우리는 신용 카드나 현금으로 지불할 수 있다. → _____

3 그 아이들은 보드게임도 했고 만화책도 읽었다. → _____

4 저는 산책을 하거나 차를 좀 마시고 싶어요. → _____

5 그 케이크는 약간 달지만 매우 맛있다. → _____

B [6-9] 문장에서 밑줄 친 부분을 바르게 고친 뒤 암호를 해독하세요.

6 Which do you like, meat <u>but</u> fish?

6 → _ _

7 You can go now or <u>staying</u> here.

7 → _ _ _ _
　　★

8 They lost 3 games but <u>win</u> the last game.

8 → _ _ _
　　♣

9 My mother listened to music, and my father <u>to read</u> a novel.

9 → _ _ _ _ _
　　♥

※ 등위접속사: _ _ _ _ _, or, but
　　　　★♣♥

A **[1-5]** 우리말에 알맞은 단어를 찾아 문장을 완성하세요.

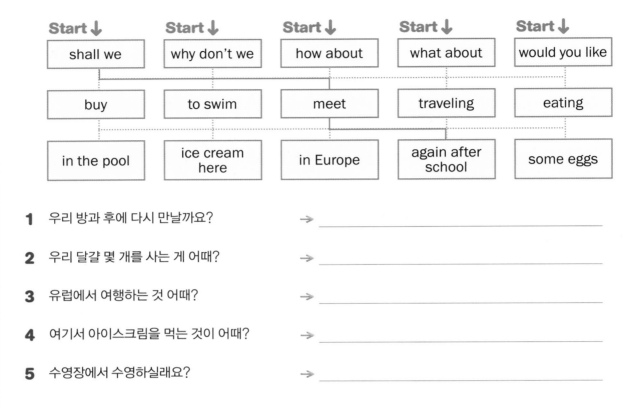

Start ↓	Start ↓	Start ↓	Start ↓	Start ↓
shall we	why don't we	how about	what about	would you like
buy	to swim	meet	traveling	eating
in the pool	ice cream here	in Europe	again after school	some eggs

1 우리 방과 후에 다시 만날까요?　→ _____

2 우리 달걀 몇 개를 사는 게 어때?　→ _____

3 유럽에서 여행하는 것 어때?　→ _____

4 여기서 아이스크림을 먹는 것이 어때?　→ _____

5 수영장에서 수영하실래요?　→ _____

B **[6-10]** 주어진 단어를 이용하여 문장을 완성한 후 답으로 피라미드를 만드세요.
(Hint- 피라미드가 내려갈수록 답의 길이는 같거나 늘어나야 해요.)

6 우리 라디오를 들을까요?

→ _____ _____ listen to the radio? (shall)

7 공원에서 걷는 게 어때?

→ _____ _____ walking in the park? (how)

8 그에게 편지 한 통 쓰는 게 어때?

→ _____ _____ writing a letter to him? (what)

9 내일 우리 낚시하러 가는 게 어때?

→ _____ _____ _____ go fishing
tomorrow? (why)

10 그 책을 읽으실래요?

→ _____ _____ _____ _____
read the book? (would)

제안문의 피라미드

A **[1-5]** 우리말에 알맞은 단어를 찾아 문장을 완성하세요.

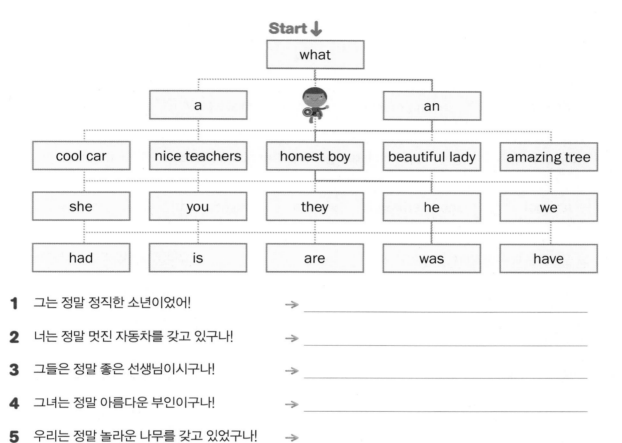

Start ↓

what

a   an

cool car   nice teachers   honest boy   beautiful lady   amazing tree

she   you   they   he   we

had   is   are   was   have

1 그는 정말 정직한 소년이었어!   → _____

2 너는 정말 멋진 자동차를 갖고 있구나!   → _____

3 그들은 정말 좋은 선생님이시구나!   → _____

4 그녀는 정말 아름다운 부인이구나!   → _____

5 우리는 정말 놀라운 나무를 갖고 있었구나!   → _____

B **[6-10]** 우리말에 맞도록 모든 문장을 완성하고 보드게임을 통해 답을 점검하세요.

Start ↓

6 그것은 매우 신나는 영화이었구나!

→ _____ an exciting movie it was!
    ♠

7 그들은 매우 멍청한 남자들이었구나!

→ What foolish ____ they were!
       ♣

8 그는 정말 귀여운 새끼고양이들을 가졌구나!

→ What cute kittens he ____!
       ☎

9 그녀는 정말 훌륭한 음악가이구나!

→ What ___ excellent musician she is!
    ◈

10 저것은 매우 어려운 질문이구나!

→ What a difficult question that ___!
       ★

♠ 의 답이 w이면 ⇨ ♨로 이동 h이면 ⇨ 우로 이동	☎ w이면 ⇨ 우로 이동 h이면 ⇨ ◈로 이동
★ a이면 ⇨ ♨로 이동 i이면 ⇨ ♪로 이동	♨ 꽝! 답이 틀렸어요
♀ 꽝! 답이 틀렸어요	♣ a이면 ⇨ ♡로 이동 e이면 ⇨ ☎로 이동
◈ n이면 ⇨ ★로 이동 s이면 ⇨ ♡로 이동	♡ 꽝! 답이 틀렸어요.

♪
축하합니다.
Good job!

A **[1-4]** 우리말에 알맞은 단어를 찾아 문장을 완성하세요.

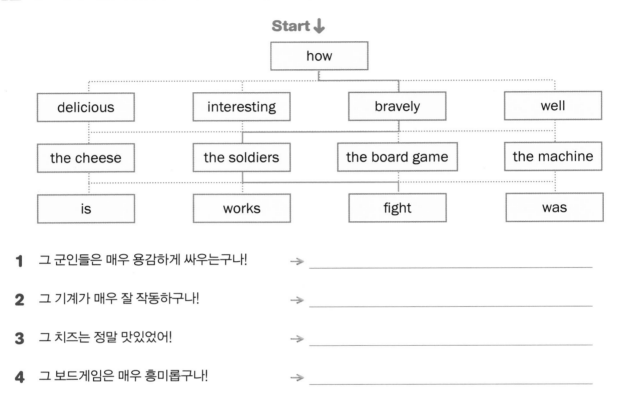

Start ↓

| how |

| delicious | interesting | bravely | well |

| the cheese | the soldiers | the board game | the machine |

| is | works | fight | was |

1 그 군인들은 매우 용감하게 싸우는구나! → _____

2 그 기계가 매우 잘 작동하구나! → _____

3 그 치즈는 정말 맛있었어! → _____

4 그 보드게임은 매우 흥미롭구나! → _____

B **[5-9]** 문장에서 밑줄 친 부분을 바르게 고친 뒤 암호를 해독하세요.

5 How <u>fastly</u> you can speak!

6 How <u>happy</u> the princess lived!

7 How boring <u>was the story</u>!

8 How <u>the frog jumps</u> far!

9 How <u>very deep</u> his love is!

5 _ _ _ _ _

6 _ _ _ _ _ _ _
♥

7 _ _ _ _ _ _ _ _
♀

8 _ _ _ _ _ _ _ _ _ _ _ _
♠

9 _ _ _ _ _

※ 감탄문 = _____ + 형용사 + 주어 + 동사!
♥♠♀

Memo

Memo

이것이 THIS IS 시리즈다!

THIS IS GRAMMAR 시리즈

▷ 중·고등 내신에 꼭 등장하는 어법 포인트 분석 및 총정리

강남인강
강의교재

THIS IS READING 시리즈

▷ 다양한 소재의 지문으로 내신 및 수능 완벽 대비

강남인강
강의교재

THIS IS VOCABULARY 시리즈

▷ 주제별로 분류한 교육부 권장 어휘

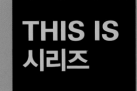

THIS IS
시리즈

무료 MP3 및 부가자료 다운로드
www.nexusbook.com
www.nexusEDU.kr

THIS IS GRAMMAR 시리즈
Starter 1~3   영어교육연구소 지음 | 205×265 | 144쪽 | 각 권 12,000원
초·중·고급 1·2   넥서스영어교육연구소 지음 | 205×265 | 250쪽 내외 | 각 권 12,000원

THIS IS READING 시리즈
Starter 1~3   김태연 지음 | 205×265 | 156쪽 | 각 권 12,000원
1·2·3·4   넥서스영어교육연구소 지음 | 205×265 | 192쪽 내외 | 각 권 10,000원~13,000원

THIS IS VOCABULARY 시리즈
입문   넥서스영어교육연구소 지음 | 152×225 | 224쪽 | 10,000원
초·중·고급·어원편   권기하 지음 | 152×225 | 180×257 | 344쪽~444쪽 | 10,000원~12,000원
수능 완성   넥서스영어교육연구소 지음 | 152×225 | 280쪽 | 12,000원
뉴텝스   넥서스 TEPS연구소 지음 | 152×225 | 452쪽 | 13,800원

LEVEL CHART

	초1	초2	초3	초4	초5	초6	중1	중2	중3	고1	고2	고3

VOCA

- 초등필수 영단어 1-2 · 3-4 · 5-6학년용
- The VOCA + (플러스) 1~7
- THIS IS VOCABULARY 입문 · 초급 · 중급
- THIS IS VOCA 고급 · 어원 · 수능 완성 · 뉴텝스
- WORD FOCUS 중등 종합 5000 · 고등 필수 5000 · 고등 종합 9500

Grammar

- 초등필수 영문법 + 쓰기 1~2
- OK Grammar 1~4
- This Is Grammar Starter 1~3
- This Is Grammar 초급~고급 (각 2권: 총 6권)
- Grammar 공감 1~3
- Grammar 101 1~3
- Grammar Bridge 1~3 (NEW EDITION)
- The Grammar Starter, 1~3
- 한 권으로 끝내는 필수 구문 1000제
- 구사일생 (구문독해 Basic) 1~2
- 구문독해 204 1~2 (개정판)
- 고난도 구문독해 500
- 그래머 캡처 1~2
- [특급 단기 특강] 어법어휘 모의고사

Writing

공감 영문법+쓰기 1~2

도전만점 중등내신 서술형 1~4

영어일기 영작패턴 1-A, B · 2-A, B

Smart Writing 1~2

Reading

Reading 101 1~3

Reading 공감 1~3

This Is Reading Starter 1~3

This Is Reading 전면 개정판 1~4

원서 술술 읽는 Smart Reading Basic 1~2

원서 술술 읽는 Smart Reading 1~2

[특급 단기 특강] 구문독해 · 독해유형

[앱솔루트 수능대비 영어독해 기출분석] 2019~2021학년도

Listening

Listening 공감 1~3

The Listening 1~4

넥서스 중학 영어듣기 모의고사 25회 1~3

도전! 만점 중학 영어듣기 모의고사 1~3

만점 적중 수능 듣기 모의고사 20회 · 35회

TEPS

NEW TEPS 입문편 실전 250⁺ 청해 · 문법 · 독해

NEW TEPS 기본편 실전 300⁺ 청해 · 문법 · 독해

NEW TEPS 실력편 실전 400⁺ 청해 · 문법 · 독해

NEW TEPS 마스터편 실전 500⁺ 청해 · 문법 · 독해

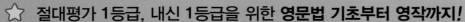

초등필수
영단어로
쉽게 배우는

초등필수

영문법+쓰기 2

넥서스영어교육연구소 지음

Answers

NEXUS Edu

초등필수

영문법 + 쓰기 2

Answers

NEXUS Edu

Unit 1
be동사와 일반동사의 현재
p.018

기초 탄탄

A
1 am
2 are
3 is
4 are
5 is

기본 탄탄

A
1 play
2 exercise
3 cry
4 drink
5 need

B
1 writes
2 paints
3 does
4 listens
5 finishes

어휘 write 쓰다, paint 칠하다, listen 듣다

실력 탄탄

A
1 wait
2 sleep
3 eat
4 plays
5 studies

어휘 restaurant(s) 식당, playground(s) 운동장, study 공부하다

B
1 I am in the 6th grade now.
2 He takes a shower every day.
3 My uncle has a nice car.
4 Canadians speak English and French.
5 Earth moves around the sun.

어휘 shower 샤워, Canadian(s) 캐나다인, Earth 지구

영작 탄탄

A
1 I am upset.
2 You are a pilot.
3 The bag is cheap.
4 We take the same English class.
5 They taste kimchi first.
6 I make a cup of coffee.
7 My aunt watches movies at home.
8 This bird flies high in the sky.
9 The man paints the door.
10 His father goes fishing at night.

Unit 2
현재 시제의 부정문
p.022

기초 탄탄

A
1 aren't
2 aren't
3 isn't
4 am not
5 isn't

기본 탄탄

A
1 am not
2 does not
3 are not
4 do not
5 is not

B
1 am not
2 don't
3 isn't
4 aren't
5 doesn't

어휘 bathroom(s) 화장실, doctor(s) 의사, snake(s) 뱀

실력 탄탄

A
1 They are not guitars.
2 The answer is not correct.
3 I am not an excellent scientist.
4 We do not go on a picnic.
5 The grass does not grow very fast.

어휘 guitar(s) 기타, picnic(s) 소풍, grass 잔디

B 1 My wrist doesn't hurt.
    2 I am not in the gym.
    3 Turtles don't swim slowly.
    4 The books are not thick.
    5 The beach is not clean in the morning.

어휘 wrist(s) 손목, turtle(s) 거북이, beach(es) 해변

A 1 I am not in New York.
    2 The student is not [isn't] absent.
    3 The blankets are not [aren't] warm.
    4 Owls don't sleep at night.
    5 Some people don't use chopsticks.
    6 Koreans don't wear shoes in the house.
    7 The shampoo doesn't smell good.
    8 The passenger doesn't drink coffee a lot.
    9 The person doesn't ask any questions.
    10 My father doesn't wash the dishes.

Unit 3
현재 시제의 의문문
p.026

A 1 Is   2 Am
    3 Are   4 Are
    5 Is

A 1 Do, look   2 Do, speak
    3 Does, know   4 Do, have
    5 Does, tell

B 1 Are   2 Am
    3 Is   4 Do
    5 Does

어휘 musician(s) 음악가, sentence(s) 문장, fill 채우다

A 1 Am I a special student?
    2 Is the answer wrong?
    3 Are they so brave?
    4 Do the sunglasses look expensive?
    5 Does the coin fall into the fountain?

어휘 wrong 틀린, expensive 비싼, fountain(s) 분수

B 1 Are you great scientists?
    2 Does the boy catch the ball?
    3 Am I good at dancing?
    4 Do they take a walk?
    5 Is this your favorite music?

어휘 scientist(s) 과학자, catch 잡다, favorite 가장 좋아하는

A 1 Am I late for the show?
    2 Are the pants wet?
    3 Is that your passport?
    4 Do you hear the noise?
    5 Do the mice hide the cheese?
    6 Do they wait for the train?
    7 Does the festival start at 5?
    8 Does the kid play with the dog?
    9 Does the bear climb the tree?
    10 Does the class finish in winter?

A 1 She has a puppy.
    2 They don't like vegetables.

해석 1 그녀는 강아지를 가지고 있다.
    2 그들은 채소를 좋아하지 않는다.

B 1 I am very angry.
    2 Does she go shopping?
    3 He doesn't drink milk.
    4 She is in her room.

해석 **1** 나는 매우 화가 났다.
2 그녀는 쇼핑을 가나요?
3 그는 우유를 마시지 않는다.
4 그녀는 자신의 방에 있다.

과거시제

Unit 1
be동사 과거 p.032

기초 탄탄

A **1** was **2** were
3 were **4** was
5 were

기본 탄탄

A **1** was **2** were
3 were **4** were
5 was

어휘 delicious 맛있는, doctor(s) 의사, late 늦은

B **1** You were **2** It was
3 I was **4** He was
5 We were

어휘 lawyer(s) 변호사, hospital(s) 병원, shy 수줍어하는

실력 탄탄

A **1** My father was a businessman.
2 It was my birthday.
3 The passengers were in the car.
4 He was a famous astronaut.
5 Kimberly and John were classmates.

어휘 businessman/businessmen 사업가, birthday(s) 생일, astronaut(s) 우주비행사

B **1** They were in the same factory.
2 Her cat was under the sofa.
3 My children were on the beach.
4 The coffee was so hot.
5 The actor was scared of spiders.

어휘 factory/factories 공장, beach(es) 해변, spider(s) 거미

영작 탄탄

A **1** I was very busy yesterday.
2 The test was easy.
3 She was in Japan last year.
4 The money was in the purse.
5 It was a strange dream.
6 The cars were behind the building.
7 Jane and Phillip were very tired.
8 They were interesting books.
9 The rooms were full of toys.
10 We were in the elevator.

Unit 2
일반동사 과거(규칙 변화) p.036

기초 탄탄

A **1** worked **2** stopped
3 married **4** died
5 enjoyed

기본 탄탄

A **1** used **2** crossed
3 needed **4** agreed
5 joined

B **1** dried **2** skipped
3 hugged **4** carried
5 played

어휘 dry 말리다, hug 껴안다, field(s) 경기장

4

A 1 The cook opened the window.
2 A police officer stopped the truck.
3 The girl enjoyed the music.
4 Jill answered the phone.
5 The singer danced very well.

어휘 police officer(s) 경찰관, truck(s) 트럭, phone(s) 전화기

B 1 The crew members welcomed the passengers.
2 A pretty lady smiled at him.
3 James studied hard for the math test.
4 The soccer players started the game.
5 We saved a lot of money last year.

어휘 crew member(s) 승무원, welcome 환영하다, math 수학

A 1 I packed the jeans.
2 He invited his friends.
3 Aaron wanted a bottle of milk.
4 The cook tasted the tomato soup.
5 She washed her hands.
6 My father jogged in the park.
7 The queen stayed in her castle.
8 The man worried too much.
9 The boy dropped the soccer ball.
10 Your sister cried all day long.

Unit 3
일반동사 과거(불규칙 변화)   p.040

A 1 knew 2 sang
3 thought 4 lost
5 found 6 cut
7 sent 8 saw
9 had 10 bought
11 felt 12 made

A 1 drove 2 had
3 told 4 came
5 brought

어휘 drive 운전하다, much 많은, kitten(s) 새끼고양이

B 1 wore 2 got
3 did 4 ran
5 ate

A 1 The woman bought many dresses.
2 Leaves fell from the tree.
3 A girl chose a big candy.
4 The tree stood in front of the castle.
5 The teacher taught English.

어휘 leaf/leaves 나뭇잎, choose 선택하다, castle(s) 성

B 1 A child threw a coin into the fountain.
2 I heard a big noise last night.
3 The mouse hid the cheese behind the curtain.
4 She drew a beautiful picture.
5 They went to the movies a week ago.

어휘 throw 던지다, fountain(s) 분수, curtain(s) 커튼

A 1 The car hit the wall.
2 His uncle cut down the tree 3 days ago.
3 The kids read storybooks.
4 My mother put the pie on the table.
5 He met his son at the train station.
6 She made tea for us.
7 Cindy knew my phone number.
8 We drank strawberry juice.
9 The police found the girl's cat.
10 They sat quietly at the table.

Unit 4
과거 시제의 부정문
p.044

기초 탄탄

A 1 were not 2 was not
  3 was not 4 wasn't
  5 weren't

기본 탄탄

A 1 did not like 2 did not ride
  3 did not have 4 did not see
  5 did not run

B 1 wasn't 2 weren't
  3 weren't 4 didn't start
  5 didn't catch

어휘 banana(s) 바나나, basket(s) 바구니, ruler(s) 자

실력 탄탄

A 1 It was not a pretty dress.
  2 My hobby was not dancing.
  3 We were not in the same class.
  4 I did not buy a new TV.
  5 The boy did not send a letter to her.

어휘 hobby/hobbies 취미, dancing 춤추기, letter(s) 편지

B 1 She was not late for school.
  2 The singers were not ready for the show.
  3 The suitcase wasn't really strong.
  4 Ken did not swim in the river.
  5 My mom didn't make the sandwich.

어휘 ready 준비된, suitcase(s) 여행가방, river(s) 강

영작 탄탄

A 1 I wasn't thirsty.
  2 We weren't bored.
  3 It wasn't a calendar.
  4 The cameras weren't broken.
  5 He wasn't at the market.
  6 She didn't brush her teeth yesterday.
  7 They didn't watch the volleyball game.
  8 Jake didn't fight with his sister.
  9 The bakers didn't buy fresh eggs.
  10 You didn't call me last night.

Unit 5
과거 시제의 의문문
p.048

기초 탄탄

A 1 Were 2 Was
  3 Were 4 Was
  5 Was

기본 탄탄

A 1 Did, get 2 Did, wait
  3 Did, take 4 Did, have
  5 Did, come

B 1 Were 2 Was
  3 Did 4 Did
  5 Did

어휘 museum(s) 박물관, upset 화가 난, invite 초대하다

실력 탄탄

A 1 Was the room so cold?
  2 Were the grapes cheap?
  3 Did they wash their shoes?
  4 Did the bird fly high in the sky?
  5 Did Mr. Taylor write this book?

어휘 grape(s) 포도, cheap 값이 싼, shoe(s) 신발

B 1 Were the scissors sharp?

2 Was the elevator broken again?

3 Did your parents remember me?

4 Did you buy chopsticks?

5 Was the air clean yesterday?

어휘 scissors 가위, elevator(s) 엘리베이터, chopstick(s) 젓가락

영작 탄탄

A 1 Was the computer fast?

2 Were the socks warm?

3 Was I too noisy?

4 Were the skates expensive?

5 Was the library quiet?

6 Did you forget your passport?

7 Did she leave a message?

8 Did the new president give a special talk?

9 Did they say foolish things?

10 Did Mr. Brown keep his word?

응용 탄탄

A Across

1 told   2 remembered

3 ate   4 read

5 saw

Down

6 went   7 liked

8 answered

B 1 The baby did not cry last night.

2 Did they study hard yesterday?

Chapter 3 진행 시제

Unit 1
동사의 진행형
p.054

기초 탄탄

A 1 eating   2 asking

3 beginning   4 coming

5 crossing   6 dying

7 crying   8 standing

9 stopping   10 continuing

기본 탄탄

A 1 looking   2 building

3 jumping   4 growing

5 dreaming

B 1 writing   2 swimming

3 cutting   4 making

5 lying

어휘 pool(s) 수영장, president(s) 대통령, ribbon(s) 리본

실력 탄탄

A 1 is studying

2 is climbing

3 are jogging

4 is playing

5 are moving

어휘 climb 오르다, table tennis 탁구, together 함께

B 1 I am talking to her now.

2 He is hitting the wall with a hammer.

3 Some tourists are visiting my town.

4 The gentleman is tying his shoes.

5 The passengers are standing in line.

어휘 hammer(s) 망치, tourist(s) 관광객, tie/tying 묶다

7

A
1. She is returning the book.
2. The baby is sleeping quietly.
3. I am playing the violin.
4. Girls are watering the roses.
5. My mother is waking me up.
6. He is riding a horse.
7. She is teaching kids in school.
8. Tom is taking my umbrella.
9. Cindy and Jill are wearing blue skirts.
10. These plants are dying quickly.

어휘 baby/babies 아기, sleep 잠자다, violin(s) 바이올린, horse(s) 말, umbrella(s) 우산, plant(s) 식물

Unit 2
현재진행 p.058

A
1 is	2 am
3 is	4 are
5 are	

A
1 packing	2 selling
3 falling	4 dancing
5 traveling	

B
1. are cutting
2. is tying
3. is arriving
4. are sitting
5. am leaving

어휘 colored paper 색종이, airport(s) 공항, sofa(s) 소파

A
1. The dogs are fighting with each other.
2. The farmer is feeding his pigs.
3. A kite is flying in the sky.
4. The baseball player is hitting the ball.
5. The workers are resting on the bench.

B
1. He is giving a talk now.
2. I am drinking kiwi juice.
3. We are learning magic tricks now.
4. She is helping sick people in the hospital.
5. They are buying expensive toys.

어휘 farmer(s) 농부, kite(s) 연, rest 쉬다, kiwi(s) 키위, hospital(s) 병원, expensive 비싼

A
1. I am swimming in the sea.
2. She is cleaning the kitchen.
3. The farmer is counting his chickens.
4. The runner is changing his uniform.
5. He is shaking hands with Lucy.
6. We are going to the market.
7. They are studying English.
8. The students are riding a bus.
9. The teachers are singing together.
10. You are making chocolate cookies.

Unit 3
과거진행 p.062

A
1 was	2 were
3 was	4 were
5 was	

A
1 were	2 was
3 were	4 was
5 were	

어휘 storm(s) 폭풍, lawyer(s) 변호사, briefcase(s) 서류가방

B 1 was baking 　　 2 were feeding
　　 3 were flying 　　 4 was smiling
　　 5 were standing

어휘　bee(s) 벌, smile 미소 짓다, reporter(s) 기자

실력 탄탄

A 1 He was taking the exam.
　　 2 The musicians were practicing on the stage.
　　 3 The singer was crying at her concert.
　　 4 All my cousins were coming to my party.
　　 5 The driver was driving the bus very fast.

어휘　balloon(s) 풍선, musician(s) 음악가, stage(s) 무대

B 1 He was winning the game 5 minutes ago.
　　 2 A spider was climbing the wall.
　　 3 They were exercising in the gym.
　　 4 My husband was fixing the sink then.
　　 5 My nephews were reading the comic books.

어휘　spider(s) 거미, gym(s) 체육관, sink(s) 싱크대

영작 탄탄

A 1 I was writing a thank-you card.
　　 2 He was building a wall all day long.
　　 3 She was making some coffee.
　　 4 The teacher was drawing a square on the board.
　　 5 It was moving around the tree.
　　 6 They were selling boots at the market.
　　 7 The camels were crossing the desert.
　　 8 My students were doing their homework.
　　 9 The penguins were sitting on their eggs.
　　 10 We were enjoying the sunlight at noon.

Unit 4
진행형의 부정문과 의문문　　　　p.066

기초 탄탄

A 1 wasn't 　　　 2 am not
　　 3 isn't 　　　 4 weren't
　　 5 aren't

기본 탄탄

A 1 am not doing 　　 2 are not making
　　 3 is not listening 　4 was not meeting
　　 5 were not washing

어휘　homework 숙제, parent(s) 부모, listen 듣다

B 1 Is, dying 　　　 2 Am, writing
　　 3 Are, answering 　4 Was, taking
　　 5 Were, watching

어휘　write 쓰다, shower 샤워, movie(s) 영화

실력 탄탄

A 1 (부정문) They were not staying at the hotel.
　　 (의문문) Were they staying at the hotel?
　　 2 (부정문) He was not looking for his key.
　　 (의문문) Was he looking for his key?
　　 3 (부정문) The passenger is not standing in front of the gate.
　　 (의문문) Is the passenger standing in front of the gate?

어휘　hotel(s) 호텔, key(s) 열쇠, gate(s) 대문

B 1 Was he taking a nap at that time?
　　 2 Were Sue and Mary riding bikes?
　　 3 Are they repeating the same song?
　　 4 He is not talking on the phone.
　　 5 I am not jogging in the park.

어휘　nap(s) 낮잠, bike(s) 자전거, jog 조깅하다

A　1 I am not going to the library.
　　2 He is not helping his mother.
　　3 We are not painting the door.
　　4 They were not studying English then.
　　5 She was not playing the guitar.
　　6 Are the children sleeping?
　　7 Am I speaking too fast?
　　8 Is Matt fixing the car?
　　9 Were they washing their hands?
　　10 Was Fred using my computer two
　　　　hours ago?

어휘　library/libraries 도서관, paint 칠하다, guitar(s) 기타,
　　　fix 고치다, wash 씻다, hand(s) 손

A　1 going　　　2 lying
　　3 doing　　　4 coming
　　5 eating　　　6 flying

해석　1 우리는 소풍 가고 있다.
　　　2 그는 소파에 누워 있다.
　　　3 나는 나의 숙제를 하고 있었다.
　　　4 그들은 집으로 돌아오고 있었다.
　　　5 그 소년들은 사과를 먹고 있다.
　　　6 새들은 하늘을 날고 있었다.

B　1 tying　　　2 pushing
　　3 cutting　　　4 driving
　　5 writing

해석　1 그 소녀는 신발 끈을 묶고 있다.
　　　2 Mark와 James는 문을 밀고 있다.
　　　3 그 제빵사가 칼로 그 케이크를 자르고 있다.
　　　4 그녀는 조심스럽게 자동차를 운전하고 있다.
　　　5 그는 편지를 쓰고 있다.

Chapter 4 미래 시제

Unit 1
미래 시제 (will / be going to)　　　p.072

A　1 am　　　　2 is
　　3 will fix　　4 will be
　　5 call

A　1 will lock　　2 will go
　　3 will eat　　4 will arrive
　　5 will learn

B　1 is going to meet
　　2 am going to watch
　　3 is going to go
　　4 are going to be
　　5 are going to study

A　1 will be　　　2 is going to save
　　3 will live　　　4 are going to wait
　　5 am going to drink

어휘　save 저축하다, Germany 독일, passenger(s) 승객

B　1 I will talk to her.
　　2 Jack will marry her soon.
　　3 They are going to come home late.
　　4 We will play the video game tonight.
　　5 It is going to snow tomorrow.

어휘　talk 말하다, marry 결혼하다, video game(s) 비디오 게임

A
1 I will visit his house.
2 You will see the man tomorrow.
3 She will call you later.
4 They will be there in five minutes.
5 The bus will leave soon.
6 David is going to taste my food.
7 I am going to play the violin tonight.
8 We are going to wash the dishes.
9 He is going to teach science next year.
10 They are going to listen to the new song.

Unit 2
미래 시제의 부정문   p.076

기초 탄탄

A
1 will not
2 is not going
3 are not going
4 am not going
5 will not take

기본 탄탄

A
1 will not draw
2 will not tell
3 will not lose
4 will not use
5 will not ride

B
1 is not [isn't] going to visit
2 are not [aren't] going to play
3 am not going to open
4 is not [isn't] going to buy
5 are not [aren't] going to watch

실력 탄탄

A
1 I won't be late for school.
2 She won't spend a lot of money.
3 He won't dance with her.
4 They won't drink milk every day.
5 You won't go shopping on Saturdays.

어휘 late 늦은, drink 마시다, shopping 쇼핑

B
1 We are not going to study math.
2 I am not going to eat fish.
3 Jim is not going to come to Korea.
4 They are not going to clean the classroom.
5 The doctor is not going to call him.

어휘 math 수학, classroom(s) 교실, call 전화하다

영작 탄탄

A
1 He will not [won't] teach science.
2 David will not [won't] watch TV.
3 We will not [won't] take the music class.
4 I will not [won't] wear the dress.
5 She will not [won't] play the cello.
6 They are not going to sleep tonight.
7 Mark is not going to go to church tomorrow.
8 I am not going to arrive early.
9 My neighbors are not going to move next week.
10 The concert is not going to start on time.

Unit 3
미래 시제의 의문문   p.080

기초 탄탄

A
1 Will you study
2 Are you going
3 Is it
4 Will Jane go
5 going to

기본 탄탄

A
1 Will, stay
2 Will, take
3 Will, join
4 Will, borrow
5 Will, be

B 1 Is, going to go 2 Am, going to be
3 Are, going to play 4 Is, going to come
5 Are, going to do

A 1 Is Jane going to make a pretty bag?
2 Are they going to sell their old coins?
3 Are we going to paint the walls?
4 Is he going to learn the violin from his uncle?
5 Am I going to win the game?

어휘 coin(s) 동전, paint 칠하다, wall(s) 벽

B 1 Will you move the boxes?
2 Will Tom clean the bathroom?
3 Will they come home late?
4 Will she buy the red dress?
5 Will the students bring their pets?

어휘 bathroom(s) 화장실, dress(es) 드레스, pet(s) 애완동물

A 1 Will they invite him to dinner?
2 Will you wash the dishes?
3 Will Jenny marry her boyfriend?
4 Will Howard cut the grass in his garden?
5 Will we look beautiful in these dresses?
6 Is Thomas going to sleep soon?
7 Are the musicians going to stop playing the cello?
8 Am I going to make a lot of friends?
9 Is she going to write stories for children?
10 Are your parents going to meet him this evening?

A 1 Will you come
2 I won't be
3 She is going to move
4 Are they going to play

해석 1 너는 파티에 올 거니?
2 나는 학교에 늦지 않을 것이다.
3 그녀는 중국으로 이사 갈 것이다.
4 그들은 축구를 할 것인가요?

B 1 She will paint a nice picture.
2 He is going to drive a car.
3 We aren't going to talk again.

해석 1 그녀는 멋진 그림을 그릴 것이다.
2 그는 자동차를 운전할 것이다.
3 우리는 다시 이야기하지 않을 것이다.

Chapter 5 형용사와 부사

Unit 1
형용사의 의미와 쓰임 p.086

A 1 ①wet 2 ③busy
3 ③tired 4 ②empty
5 ②old 6 ②long

A 1 big 2 polite
3 long 4 high
5 happy

B 1 an old watch
2 a difficult question
3 a red apple
4 a fat cat
5 an interesting movie

어휘 watch(es) 손목시계, question(s) 질문, movie(s) 영화

실력 탄탄

A 1 Dad buys beautiful flowers.
2 I am standing in front of a tall tree.
3 Jake asked me foolish questions.
4 It was a bad dream.
5 They are lovely roses.

어휘 scary 무서운, dream(s) 꿈, rose(s) 장미

B 1 She is a shy girl.
2 The car was very old.
3 You look busy.
4 They sat at the round table.
5 These are thin chopsticks.

어휘 shy 수줍어하는, busy 바쁜, chopstick(s) 젓가락

영작 탄탄

A 1 She has a red skirt.
2 He is a famous writer.
3 I ate a fresh egg.
4 It was an easy test.
5 This is a thick pencil.
6 The dogs are clever.
7 My suitcase is heavy.
8 Their oranges are cheap.
9 The firefighters were brave.
10 His room was cold.

Unit 2
수량 형용사   p.090

기초 탄탄

A 1 many   2 many
3 much   4 much
5 many

기본 탄탄

A 1 a few   2 few
3 little   4 a little
5 a few

B 1 some   2 any
3 some   4 any
5 a lot of

실력 탄탄

A 1 They don't drink much milk every day.
2 There are many eggplants in the basket.
3 He received many letters from his fans.
4 Did she put much salt in the kimchi?
5 We bought many colored pencils.

어휘 eggplant(s) 가지, letter(s) 편지, colored pencil(s) 색연필

B 1 We don't have much time.
2 There are a lot of flowers in the garden.
3 Lots of young singers sang on the stage.
4 The students had a few questions.
5 There was little juice in the bottle.

어휘 garden(s) 정원, stage(s) 무대, bottle(s) 병

영작 탄탄

A 1 We washed many cars.
2 A few students passed the exam.
3 Few visitors use the stairs.
4 There are many dishes on the table.
5 I have little time.
6 She used a little butter.
7 There was not [wasn't] much snow last winter.
8 Some teachers worked last weekend.
9 He doesn't drink a lot of [lots of] coffee.
10 Alice didn't eat any meat yesterday.

Unit 3
부사의 형태와 쓰임 p.094

A 1 loudly   2 quietly
    3 wonderfully   4 gladly
    5 carefully

기본 탄탄

A 1 very/really   2 high
    3 safely   4 really/very
    5 well

B 1 quickly   2 easily
    3 happily   4 fast
    5 gently

어휘   post office(s) 우체국, smile 미소 짓다, brush 빗다

실력 탄탄

A 1 high, highly   2 near, nearly
    3 hard, hardly

어휘   eagle(s) 독수리, butterfly/butterflies 나비, parent(s) 부모

B 1 My friends and I talked honestly.
    2 The waiter greeted us politely.
    3 The actors danced beautifully.
    4 He fought bravely in the war. /
      He fought in the war bravely.
    5 The turtles are moving slowly.

어휘   greet 인사하다, war(s) 전쟁, turtle(s) 거북이

영작 탄탄

A 1 She exercised too much.
    2 John cooks very well.
    3 My teacher has pretty thick books.
    4 We should drive carefully.
    5 The mice came here quietly.

---

   6 The reporter spoke clearly.
- 7 It rained heavily last night.
   8 The boy talked to me loudly.
   9 I yelled at my sister angrily.
  10 The plan will work nicely.

Unit 4
빈도부사 p.098

기초 탄탄

A 1 is always   2 usually takes
    3 often visit   4 will never
    5 sometimes writes

기본 탄탄

A 1 never   2 usually
    3 sometimes   4 often
    5 always

B 1 never cleans   2 often enjoy
    3 always sleeps   4 sometimes tells
    5 usually sing

실력 탄탄

A 1 Bob often eats cereal for breakfast.
    2 He never plays the computer game.
    3 Jenny usually goes to the library on
      foot.
    4 Jim and I always go fishing on
      weekends.
    5 Ally sometimes draws a picture for me.

어휘   cereal 시리얼, library/libraries 도서관, draw 그리다

B 1 We will never leave you.

2 I sometimes go to the market with my mom.

3 Norah always takes a walk with her dog.

4 Tim and I usually watch movies on Fridays.

5 Jeremy often goes skating in winter.

어휘 market(s) 시장, movie(s) 영화, skating 스케이트 (타기)

A 1 My sister is always mean to me.

2 She will often meet her boyfriend.

3 He is sometimes late for meetings.

4 They are never at home around this time.

5 We can usually play soccer after school.

6 Tim usually rides his bike to the bus stop.

7 Jenny sometimes goes swimming.

8 Fred and Jim usually visit her on Sundays.

9 I often play the piano.

10 You never eat carrots or beans.

응용 탄탄

A many

goat / rose / pencil / bus

much

money / time / rain / sugar

해석 (수가) 많은 – 염소/장미/연필/버스
(양이) 많은 – 돈/시간/비/설탕

B 1 Birds are flying high.

2 Frogs are hopping fast.

해석 1 새들은 높이 날고 있다.
2 개구리들은 빨리 뛰고 있다.

Chapter 6 비교급

Unit 1

형용사/부사의 비교급　　　　　p.104

기초 탄탄

A 1 nicer　　　　　2 better

3 bigger　　　　4 uglier

5 brighter　　　　6 lighter

7 earlier　　　　8 wider

9 more delicious　10 heavier

기본 탄탄

A 1 smarter than　　2 longer than

3 cheaper than　　4 faster than

5 older than

어휘 smart 똑똑한, cheap 값이 싼, plane(s) 비행기

B 1 more than　　　2 heavier than

3 bigger than　　4 better than

5 worse than

어휘 heavy 무거운, museum(s) 박물관, bank(s) 은행

실력 탄탄

A 1 more difficult than

2 more honest than

3 more carefully than

4 more special than

5 more beautiful than

어휘 question(s) 질문, carefully 조심스럽게, postcard(s) 엽서

B 1 Daniel looks happier than Nick.

2 His house became cheaper than hers.

3 The train had fewer passengers than the ship.

4 These towels were softer than the red towels.

5 My teachers are healthier than before.

어휘 happy/happier 행복한, train(s) 기차, towel(s) 수건

영작 탄탄

A **1** This lamp is brighter than that lamp.
2 She got up earlier than yesterday.
3 Peter learned English more easily than his friends.
4 This summer is hotter than last summer.
5 Skiing is more exciting than swimming.
6 Sam arrived there later than his family.
7 My homework is worse than yours.
8 0.5 is less than this number.
9 You can dance better than the ballerina.
10 James drank more coffee than his father.

Unit 2
형용사/부사의 최상급
p.108

기초 탄탄

A **1** easiest **2** happiest
3 warmest **4** most easily
5 tallest **6** smartest
7 most interesting **8** oldest
9 fattest **10** smallest

기본 탄탄

A **1** the highest **2** the greatest
3 the cheapest **4** the longest
5 the fastest

B **1** the biggest **2** the earliest
3 the happiest **4** the best
5 the most

실력 탄탄

A **1** the most careful
2 the most honest
3 the most delicious
4 the most expensive
5 the most beautiful

어휘 honest 정직한, restaurant(s) 식당, concert(s) 콘서트

B **1** Roy was the youngest cook in the restaurant.
2 This cake is the sweetest among the desserts.
3 He was the busiest worker in that factory.
4 The cows are the fattest on this farm.
5 Ally looks the wisest of my friends.

어휘 cook(s) 요리사, dessert(s) 디저트, factory/factories 공장

영작 탄탄

A **1** The baby is the cutest in the hospital.
2 January was the coldest month last year.
3 My daughter is the prettiest girl in her school.
4 The singer is the most popular in America.
5 Your son is the smartest of my students.
6 Greg jumped the highest of all the players.
7 The library has the most books in town.
8 This is the best answer to the question.

9 I spend the least money on shopping in my family.
10 My idea was the worst of all.

Unit 3
형용사/부사의 원급비교

기초 탄탄
A
1 shy as
2 as heavy
3 as loud
4 not as tall
5 expensive
6 not as pretty

기본 탄탄
A
1 as well as
2 as fast as
3 as hard as
4 as carefully as
5 as much as

B
1 not as big as
2 not as quiet as
3 not as long as
4 not as dirty as
5 not as smart as

실력 탄탄
A
1 as bravely as
2 as safely as
3 as politely as
4 as well as
5 as quietly as

어휘 soldier(s) 군인, drive 운전하다, owl(s) 올빼미

B
1 Your dogs are not as clever as my cats.
2 It doesn't look as fun as the comic book.
3 The bus moves as slowly as a snail.
4 My mother was as busy as my father.
5 This summer is as hot as last summer.

어휘 clever 똑똑한, comic book(s) 만화책, snail(s) 달팽이

영작 탄탄
A
1 I am [I'm] as smart as my older sister.
2 They sing as loudly as the musical actor.
3 She is [She's] as beautiful as her mother.
4 My grandfather gets up as early as a rooster.
5 Her hair color is as dark as mine.
6 The room is not [isn't] as noisy as this room.
7 The moon does not [doesn't] shine as brightly as the sun.
8 These vegetables are not [aren't] as fresh as before.
9 You cannot [can't] jump as high as a kangaroo.
10 My shoes are not [aren't] as expensive as yours.

응용 탄탄
A Down
1 more
2 darker
3 lighter
4 prettier
5 uglier

Across
6 earlier
7 heavier
8 worse

해석 1 더 많은 2 더 어두운
3 더 가벼운 4 더 예쁜
5 더 못생긴 6 더 일찍
7 더 무거운 8 더 나쁜

B
1 happier, happiest
2 better, best
3 bigger, biggest

해석 1 더 행복한, 가장 행복한
2 더 좋은, 가장 좋은
3 더 큰, 가장 큰

Unit 1
장소 전치사　　　　　　　　　　　p.118

기초 탄탄

A 1 behind　　2 in
　　3 next to　　4 on
　　5 in front of

기본 탄탄

A 1 next to　　　2 behind
　　3 over　　　　4 under
　　5 on

B 1 at the bus stop
　　2 on the bed
　　3 in the refrigerator
　　4 in front of the bakery
　　5 behind the curtain

실력 탄탄

A 1 at, in　　　　2 over, on
　　3 behind, in front of

어휘　beach(es) 해변, clock(s) 시계, mouse/mice 쥐

B 1 There is a mailbox in front of the school.
　　2 There was a coin on the floor.
　　3 Many people were behind City Hall.
　　4 The rainbow was shining over the mountain.
　　5 He parked his car next to the truck.

어휘　mailbox(es) 우체통, coin(s) 동전, rainbow(s) 무지개

영작 탄탄

A 1 There is a chair in front of the computer.
　　2 The computer is on the desk.
　　3 There is a cat under the window.
　　4 The books are over the plants.
　　5 The closet is behind the rug.
　　6 There is an umbrella in the closet.
　　7 There are two boxes next to the suitcase.
　　8 The plants are at the window.

Unit 2
시간 전치사　　　　　　　　　　　p.122

기초 탄탄

A 1 in　　　　2 on
　　3 at　　　　4 by
　　5 for

기본 탄탄

A 1 in　　　　2 by
　　3 for　　　4 at
　　5 on

B 1 on Sundays　　2 by 4 o'clock
　　3 at midnight　　4 for two days
　　5 in the afternoon

실력 탄탄

A 1 in, on　　　　2 for, at
　　3 by, in

어휘　party/parties 파티, April 4월, store(s) 가게

B
1 Rob will study in England for 3 years.
2 The math class will begin at 8 o'clock.
3 We should finish our work by Monday.
4 Children have a long vacation in winter.
5 I have violin lessons on Wednesdays.

어휘   England 영국, math 수학, vacation(s) 방학

영작 탄탄

A
1 They lived in China for 2 years.
2 It will be very cold at night.
3 He should leave here by 4 o'clock.
4 I have an interview at noon.
5 You have to read this book by Tuesday.
6 My sister was born in July.
7 The party will be on March 14th.
8 Julie saw the doctor on Friday.
9 Mark goes hiking in fall.
10 We drank coffee in the morning.

어휘   night 밤, interview(s) 인터뷰, noon 정오, March 3월, hiking 도보여행, fall 가을

Unit 3
방향 전치사
p.126

기초 탄탄

A
1 out of   2 for
3 along   4 through
5 from

기본 탄탄

A
1 across   2 into
3 from   4 for
5 out of

B
1 to school
2 through the long tunnel
3 along the highway
4 out of the store
5 into the bottle

실력 탄탄

A
1 across, along
2 out of, for
3 into, to

어휘   river(s) 강, classroom(s) 교실, park(s) 공원

B
1 The water is coming from the pipe.
2 The plane for England leaves in an hour.
3 A thief entered the house through the window.
4 She took the cat out of the room.
5 The students were standing along the wall.

어휘   pipe(s) 파이프, hour(s) 시간, thief/thieves 도둑

영작 탄탄

A
1 We moved to Suwon.
2 This bag came from Italy.
3 He got out of the hospital last night.
4 There is a rainbow across the sky.
5 My family went to the zoo.
6 There are many trees along the street.
7 The river passed through the village.
8 They pushed the hamsters into the box.
9 The train for Toronto left at 7 p.m.
10 I can see the outside through this hole.

어휘   hospital(s) 병원, rainbow(s) 무지개, zoo(s) 동물원, village(s) 마을, hamster(s) 햄스터, hole(s) 구멍

Unit 4
등위접속사 p.130

기초 탄탄

A 1 or   2 but
3 and   4 or
5 and

기본 탄탄

A 1 and   2 or
3 but   4 and
5 but

B 1 or in cash
2 or stay here
3 but didn't like scary movies
4 and read comic books
5 and taking photos

실력 탄탄

A 1 and swims
2 or drink
3 but won
4 or skating
5 and smart

어휘   swim 수영하다, tea 차, skiing 스키타기

B 1 but she didn't go to bed early
2 and we drank a cup of coffee
3 or are you reading a comic book
4 but he can't write it
5 or did she go home

어휘   tired 피곤한, speak 말하다, Chinese 중국어

영작 탄탄

A 1 Terry and I are twins.
2 My teacher is kind but strict.
3 Do they want juice or coffee?
4 Steve is short but strong.
5 under the desk or on the sofa
6 a little sweet but very delicious
7 in the morning and at night
8 but I do not[don't] have time
9 or were you at home yesterday
10 and my father read a novel

어휘   twin(s) 쌍둥이, strict 엄격한, sofa(s) 소파, delicious 맛있는, concert(s) 콘서트, novel(s) 소설

응용 탄탄

A 1 next to   2 over
3 behind

해석 1 교회 옆에 은행이 하나 있다.
2 언덕 위에 많은 구름이 있다.
3 커튼 뒤에 상자 한 개가 있다.

B 1 through   2 into
3 from   4 on

해석 1 쥐 한 마리가 구멍을 통해서 지나간다.
2 개구리 한 마리가 물로 뛰어 들었다.
3 낙엽이 나무 한 그루에서 떨어지고 있다.
4 나는 월요일에 시험이 하나 있다.

Chapter 8 문장의 종류

Unit 1
제안문 p.136

기초 탄탄

A 1 ride 2 walking
3 have 4 read
5 about eating

기본 탄탄

A 1 Would, like to
2 Shall
3 Why don't
4 How [What] about
5 How [What] about

B 1 How [What] about exercising
2 Why don't, buy
3 Shall, meet
4 Would, like to sit
5 How [What] about taking

실력 탄탄

A 1 Shall we take a rest?
2 How about cleaning the room together?
3 Why don't we throw a party for him?
4 Would you like to swim in the pool?
5 What about writing a letter to him?

어휘 party/parties 파티, pool(s) 수영장, write 쓰다

B 1 What about baking some cookies now?
2 How about joining the dance club?
3 Would you like to stay here?
4 Why don't we go fishing tomorrow?
5 Shall we listen to the radio?

어휘 cookie(s) 쿠키, dance 춤추다, fishing 낚시

영작 탄탄

A 1 How about going to the beach this Sunday?
2 How about closing the windows?
3 What about listening to the new music?
4 What about moving into our house?
5 Shall we take another photo?

6 Shall we play the guitar together?
7 Why don't we watch a movie tonight?
8 Why don't we wait for your brother?
9 Would you like to put on these shoes?
10 Would you like to try this mushroom soup?

Unit 2
what 감탄문 p.140

기초 탄탄

A 1 What a 2 an
3 it is 4 ugly
5 men

A 1 What quiet
2 What, pretty
3 What, exciting
4 What big
5 What brave

B 1 What wonderful photos
2 What a beautiful garden
3 What fast runners
4 What an expensive car
5 What an angry voice

어휘 photo(s) 사진, garden(s) 정원, expensive 비싼

A 1 What a delicious Korean dish it is!
2 What a special girl you are!
3 What an amazing machine they have!
4 What strange weather it was!
5 What boring books Daniel reads!

어휘 dish(es) 요리, machine(s) 기계, weather 날씨

B 1 What a nice plan you have!
2 What an interesting student Nancy is!
3 What good teachers they are!
4 What a difficult question that is!
5 What an exciting day it is!

어휘 plan(s) 계획, difficult 어려운, question(s) 질문

A 1 What a lucky man he is!
2 What a sweet girl Sue is!
3 What a heavy box it is!
4 What a lovely puppy she has!
5 What an excellent musician she is!
6 What an honest student you are!
7 What an easy book this is!
8 What old dolls they are!
9 What great news this is!
10 What cute kittens he has!

어휘 lucky 운이 좋은, heavy 무거운, excellent 훌륭한, honest 정직한, doll(s) 인형, kitten(s) 새끼고양이

Unit 3
how 감탄문　　　　　　　　　p.144

A 1 deep　　　　2 cold
3 seeds　　　4 shy
5 well

A 1 How hot　　　2 How dark
3 How wide　　4 How strong
5 How noisy

B 1 How hard　　　2 How carefully
3 How bravely　4 How fast
5 How far

어휘 soldier(s) 군인, fight 싸우다, fast 빠르게

22

A
1 How boring the story was!
2 How small the new cellphone was!
3 How loudly the students talked!
4 How happily the princess lived!
5 How interesting the board game is!

어휘 boring 지루한, cellphone(s) 휴대전화, princess(es) 공주

B
1 How beautifully the actor smiled!
2 How delicious the cheese was!
3 How fast you can speak!
4 How thick my books are!
5 How early the airplane arrived!

어휘 actor(s) 배우, delicious 맛있는, speak 말하다

A
1 How difficult the test is!
2 How foolish I was!
3 How clean the classrooms are!
4 How clever you are!
5 How great the musicians were!
6 How hard they study!
7 How quickly he can eat!
8 How high the basketball player jumps!
9 How slowly the snail moves!
10 How well John danced at the party!

어휘 clean 깨끗한, clever 똑똑한, musician(s) 음악가,
basketball 농구, jump 뛰다, snail(s) 달팽이

A
1 What a tall boy he is!
2 How fast the small dog runs!
3 What an expensive car this is!

해석 1 그는 키가 매우 큰 소년이구나!
2 그 작은 개는 정말 빨리 달리는 구나!
3 이것은 매우 비싼 자동차구나!

B **Across**
1 about   2 Would
Down
2 What   3 Shall
4 How   5 to
6 don't

Chapter 1

Unit 1
be동사와 일반동사의 현재   p.02

A
1 The cabbage is in the refrigerator.
2 I am in the 6th grade now.
3 Jim and I play video games after school.
4 He takes a shower every day.

B
5 is
6 are
7 has
8 make
9 speak
10 studies

Unit 2
현재시제의 부정문   p.03

A
1 The farmer doesn't plant seeds.
2 Ken isn't with his grandparents.
3 My friends aren't at the library.
4 I am not in the bathroom.
5 Sally and June don't do their homework.

B
6 am not
7 do not use
8 is not
9 does not grow
10 are not

Unit 3
현재시제의 의문문   p.04

A
1 Am I late for the show?
2 Are those musicians from Germany?
3 Is this your favorite music?
4 Do you understand this sentence?
5 Does your brother know the book?

B
6 Do
7 Is
8 start
9 Are
※ Does

Chapter 2

Unit 1
be동사 과거   p.05

A
1 They were kind doctors.
2 I was ten years old last year.
3 We were close friends.
4 The food was so delicious.

B
5 He was
6 They were
7 I was
8 coffee was
9 passengers were
10 rooms were

Unit 2
일반동사 과거 (규칙 변화)   p.06

A
1 I worked until 11 p.m. last night.
2 The singer danced very well.
3 Kate married her boyfriend last week.
4 She stopped singing a minute ago.
5 We played soccer on the field.

B
6 died
7 cried
8 stayed
9 dropped
10 answered

Unit 3
일반동사 과거 (불규칙 변화)　　　p.07

A　1　Ken brought a kitten home.
　　2　My mother put the pie on the table.
　　3　His uncle cut down the tree 3 days ago.
　　4　Brad came back to Korea.
　　5　I had some delicious pizza.
B　6　wore
　　7　heard
　　8　bought
　　9　told
　　10　threw

Unit 4
과거시제의 부정문　　　p.08

A　1　She wasn't late for school.
　　2　The boy didn't send a letter to her.
　　3　The singers weren't ready for the show.
　　4　Jake didn't fight with his sister.
B　5　wasn't
　　6　weren't
　　7　were not
　　8　didn't buy
　　9　didn't call
　　10　did not watch

Unit 5
과거시제의 의문문　　　p.09

A　1　Was I a polite student?
　　2　Were the boys in the museum?
　　3　Did he bring his cat?
　　4　Was the room so cold?
　　5　Did you forget your passport?
B　6　Were
　　7　invite
　　8　leave
　　9　Did, study
　※　Was, Did

Chapter 3

Unit 1
동사의 진행형　　　p.10

A　1　The baby is sleeping quietly.
　　2　Cindy and Jill are wearing blue skirts.
　　3　The flowers are growing very fast.
　　4　I am playing the violin.
　　5　She is studying English.
B　6　moving
　　7　standing
　　8　jogging
　　9　lying
　※　ing

Unit 2
현재진행　　　p.11

A　1　The farmer is counting his chickens.
　　2　They are selling vegetables at the market.
　　3　I am traveling all around the world.
　　4　My friend and I are sitting on the sofa.
B　5　is cleaning
　　6　are studying
　　7　is hitting
　　8　am swimming
　　9　is tying
　　10　is shaking

Unit 3
과거진행　　　p.12

A　1　I was writing a thank-you card.
　　2　The bees were flying around the flowers.
　　3　The singer was crying at her concert.
　　4　The children were running to the house.
B　5　was making
　　6　was drawing

7 was catching

8 were enjoying

9 were borrowing

10 were exercising

Unit 4
진행형의 부정문과 의문문   p.13

A **1** Am I speaking too fast?

   2 The child isn't listening to me.

   3 Are you answering the phone?

   4 He wasn't looking for his key.

   5 Is Matt fixing the car?

B **6** going

   7 writing

   8 Were

   9 aren't

  ※ not

Chapter 4

Unit 1
미래시제(will/be going to)   p.14

A **1** They're going to be famous.

   2 I'm going to come back soon.

   3 We will go to the theater.

   4 She's going to save some money.

   5 My niece will live in Germany.

B **6** be

   7 arrive

   8 to drink

   9 go

  ※ going

Unit 2
미래시제의 부정문   p.15

A **1** We won't ride horses.

   2 He's not going to buy a new car.

   3 You won't lose the game.

   4 They're not going to sleep tonight.

   5 I'm not going to open the window.

B **6** won't take

   7 will not teach

   8 isn't going to go

   9 am not going to join

  10 are not going to move

Unit 3
미래시제의 의문문   p.16

A **1** Will Jenny marry her boyfriend?

   2 Am I going to be bored?

   3 Will they stay at your home?

   4 Is she going to write stories for children?

   5 Are you going to sing at the party?

B **6** rain

   7 bring

   8 to make

   9 Will you wash

  10 Are we going to paint

Chapter 5

Unit 1
형용사의 의미와 쓰임   p.17

A **1** Dad buys beautiful flowers.

   2 I ate a fresh egg.

   3 The dogs are clever.

   4 The firefighters were brave.

5 Ken is polite.

B **6** shy

7 thin

8 tired

9 famous

10 foolish

Unit 2
수량 형용사   p.18

A **1** We had little rain last summer.

2 She doesn't put any sugar in her coffee.

3 He received many letters from his fans.

4 I don't have much time now.

5 There were few children in the park.

B **6** some

7 a few

8 lots of

9 a lot of

10 a little

Unit 3
부사의 형태와 쓰임   p.19

A **1** My parents work hard.

2 Kangaroos can jump high.

3 She exercised too much.

4 It rained heavily last night.

5 My uncle is driving carefully.

B **6** honestly

7 really

8 fast

9 late

※ ly

Unit 4
빈도부사   p.20

A **1** The nurse is always kind to me.

2 I often visit my grandparents.

3 Ally sometimes draws a picture for me.

4 We can usually play soccer after school.

5 She never cleans her room alone.

B **6** often

7 never

8 always

9 usually

10 sometimes

Chapter 6

Unit 1
형용사/부사의 비교급   p.21

A **1** I ate more than Andy.

2 You can dance better than the ballerina.

3 Skiing is more exciting than swimming.

4 His health got worse than before.

5 Planes are faster than trains.

B **6** less

7 cheaper

8 longer than

9 difficult

※ than

Unit 2
형용사/부사의 최상급   p.22

A **1** January was the coldest month last year.

2 These tickets are the most expensive for the concert.

3 The library has the most books in town.

4 Harry went to bed the earliest of all.

5 This is the best answer to the question.

B **6** the best

7 the highest

8 the fattest

9 the prettiest
10 the most popular

Unit 3
형용사/부사의 원급비교   p.23

A 1 The boy eats as much as his father does.
2 My sister doesn't drive as safely as my dad.
3 Her hair is as dark as mine.
4 The tulips are not as pretty as the roses.
5 James studied as hard as I did.
B 6 as
7 as
8 not
9 expensive
10 quickly

Chapter 7

Unit 1
장소 전치사   p.24

A 1 The girl was standing at the bus stop.
2 Tommy and Jack met in front of the bakery.
3 The kite was flying over the town.
4 A cat is sleeping under the table.
5 Two boxes are next to the suitcase.
B 6 front of
7 us
8 on
9 behind
※ under

Unit 2
시간 전치사   p.25

A 1 Kelly and I stayed there for 2 days.

2 They should return the books by tomorrow.
3 She doesn't eat anything at night.
4 I will throw a party on April 5th.
5 My sister was born in July
B 6 by
7 in
8 at
9 for
10 on

Unit 3
방향 전치사   p.26

A 1 The students are walking to school.
2 A baby bird fell from a tree.
3 My nephew jumped into the water.
4 They left for Jeju.
5 The robber ran out of the store.
B 6 to
7 from
8 along
9 across
10 through

Unit 4
등위접속사   p.27

A 1 Eggs are healthy but expensive.
2 We can pay by credit card or in cash.
3 The kids played board games and read comic books.
4 I would like to take a walk or drink some tea.
5 The cake is a little sweet but very delicious.
B 6 or
7 stay
8 won
9 read
※ and

Chapter 8

Unit 1
제안문 p.28

A 1 Shall we meet again after school?
   2 Why don't we buy some eggs?
   3 How about traveling in Europe?
   4 What about eating ice cream here?
   5 Would you like to swim in the pool?
B 6 Shall we
   7 How about
   8 What about
   9 Why don't we
  10 Would you like to

Unit 2
what 감탄문 p.29

A 1 What an honest boy he was!
   2 What a cool car you have!
   3 What nice teachers they are!
   4 What a beautiful lady she is!
   5 What an amazing tree we had!
B 6 What
   7 men
   8 has
   9 an
  10 is

Unit 3
how 감탄문 p.30

A 1 How bravely the soldiers fight!
   2 How well the machine works!
   3 How delicious the cheese was!
   4 How interesting the board game is!
B 5 fast
   6 happily

7 the story was
8 far the frog jumps
9 deep
※ How

Memo

Memo

Memo

초등필수
영단어로
쉽게 배우는 **초등필수**
영문법+**쓰기**2